華志文化

華志文化

情緒操控術：

即使有一萬個苦悶理由，也要有一顆快樂的心

做個神不知鬼不覺的情緒掌控高手

李問渠◆著

前言 掌握情緒，才能掌握快樂，掌握幸福。

美國著名心理學家阿爾伯特・艾利斯透過多年臨床心理學實驗，創立了合理情緒行為的療法，並形成了情緒ＡＢＣ理論。在情緒ＡＢＣ理論中，

Ａ表示誘發性事件。

Ｂ表示個體針對此誘發性事件產生的一些信念，即對這件事的一些看法、解釋。

Ｃ表示自己產生的情緒和行為的結果。

通常人們會認為，誘發事件Ａ直接導致了人的情緒和行為結果Ｃ，發生了什麼事就引起了什麼情緒體驗。所以，同樣的事（Ａ），發生在不同的人（Ｂ）身上，就會產生不同的情緒體驗（Ｃ）。而最為我們自己所掌控的部分，就是情緒體驗（Ｃ）。所以，掌握情緒，才能掌握快樂，掌握幸福。

每個人的心中都有一把情緒的鑰匙，但有時候，我們常常會在不知不覺中把它交給別人掌管。情緒操縱術告訴你：一個成熟的人，要自己掌握自己的情緒，而不要讓別人操縱我們的快樂和不快樂。我的情緒，我做主——這是情緒操縱術的中心旨意。你的情

緒鑰匙在哪裡？在別人手中嗎？快去把它拿回來吧！

人赤裸裸地來到這個世界，純淨而又純潔，但因為世界有了太多的誘惑和羈絆，所以我們開始追求太多。從擁有開始，我們開始貪婪，開始患得患失，不再是一個快樂的人。那麼，該如何做一個快樂的人呢？答案就是請返璞歸真，做一個懂得放下的人。放下心中的怒火，放下心中的仇恨，放下心中的不平衡，你的每一天都將更為美好。懂得「放下」，饒了別人的同時，你也饒了自己。

生活就是一杯水，儘管杯子的華麗程度因人而異，但杯子裡的水卻是清澈透明，無色無味，對任何人都是一樣。我們有權利選擇加鹽、加糖等各種調料，但若添加的成分太多，裝得太滿，就會令水溢出。於是，我們就常常看到一些人開始自怨自艾，感歎命運的不公，也常看到有人不可一世，自命不凡。

月有陰晴圓缺，人有悲歡離合，人生就是這般，酸甜苦辣鹹，五味俱全。然而，月亮不會因為你的哀歎而晚一刻爬上樹梢，已逝的人也不會因為你的哭聲而重回身邊。情緒操縱術告訴我們：當我們無法左右現實時，可以左右自己的心情，學習禪宗的「空杯心境」，才能虛懷若谷，保持一顆快樂的心。

本書將情緒控制的良方，分為五個章節撰述。第一章：心寬一寸，受益三分；第二章：遠離怒火，停止抱怨；第三章：放下包袱，一身輕鬆；第四章糊塗處世，隱忍做人；第五章空杯心境，虛懷若谷；這些簡單易懂的論述，經作者娓娓道來，學會它將可改變你一生的境遇。

情緒操控術

即使有一萬個苦悶理由，也要有一顆快樂的心

目錄
contents

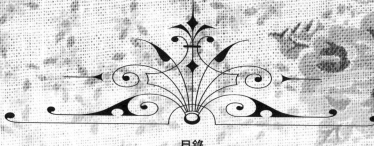

第四章　糊塗處世，隱忍做人

目錄
contents

第一章

心寬一寸，受益三分

「海納百川，有容乃大。」古人的這句話，既是對山河雄偉的讚美，也寓意著做人的道理，就是說做人要豁達大度、胸懷寬闊，這也是一個人有修養的表現。人生在世，難免有高低起伏。這時候，刻意和生活衝撞，只會讓人更加生氣，傷心，甚至更加失敗。這時候，我們要做到能容天下不容之事，這才是智者的選擇。

放寬自己的心，不要總是為了那些傷心的事去費腦筋。要知道，一切都會過去的；放寬自己的心，讓那些本來煩惱的事隨時間的流逝自行消失吧；放寬自己的心，讓我們的每一天都過得快樂、充實一些；放寬自己的心，讓一切的煩惱都遠離我們。記住，放寬心是一種智慧，是低調的張揚與進取。心寬一寸，我們將受益三分。

一、讓一分爲高，寬一分是福

在這個紛繁的世界，世事變化無常，我們要走的人生路是崎嶇不平的，不順心的事也會無時無刻在我們身邊。當你遇到困難或是覺得自己處在進退兩難的位置時，也不要忘了讓一分寬一分的處世之道。即使你現在事業有成、生活如意，目前沒有什麼阻礙，也不要目中無人，事事不饒人，而要始終保持讓人的胸襟和美德。

智者能容。越是睿智的人，越會胸懷寬廣。事實告訴我們，「為人處世讓一分為高，寬一分是福。」

秦朝末年，由於兩代皇帝的暴政，當時農民起義風起雲湧，造就了許多英雄人物，韓信就是當時一位著名的軍事統帥。他出身窮苦人家，從小就失去了父母。年輕的時候，他既不會經商，也不願意耕田種地，家裡本來就沒什麼財產，過著貧困而受歧視的生活，經常吃不飽穿不暖。

被生活所迫，韓信只有去淮水釣魚。一位洗衣服的老婦人見他，就把自己的飯菜分一半給他，連著好多天，老婦人都會分他飯吃。韓信很是感動，對老婦人說：「將來我一定會好好報答你。」老婦人生氣地說：「你堂堂七尺男兒，養活不了自己，我是可憐你才給你飯吃，沒指望你以後會報答我。」韓信很慚愧，立志將來要做一番大事。

當時在韓信的家鄉淮陰城，一些人看不起韓信。有一次，一位年輕人看到韓信身材高大卻佩帶寶劍，就有些鄙視他，以為他是膽小怕事，帶寶劍是為了給自己壯膽，便在熱鬧的集市擋住韓信的去路，說：「你要是有膽量，就拔出劍刺我，顯示你的勇氣；如果覺得自己是懦夫，就乖乖從我的褲襠下鑽過去。」看熱鬧的人都知道這是故意羞辱韓信，大家猜測著：韓信會怎麼辦？韓信想了好一會兒，以他當時的處境，別說和人打架，就是不小心得罪了這些人，都會落得無家可歸。於是他什麼都沒說，趴在地上從那人的褲襠下鑽了過去。圍著看熱鬧的人都哈哈大笑，覺得韓信膽小怕死、沒有勇氣，是個懦夫。其實他很想拔劍，痛痛快快地打一架，證明自己不是懦夫。但想到打架以後對自己沒有好處，最後還是退了一步。

其實韓信很有遠見。當時正處於改朝換代的亂世，他看到了這一點，就專心研究兵法，苦練武藝，相信只要有機會，自己就有出頭之日。西元前二〇九年，反對秦朝殘暴統治的義軍在各地揭竿而起，韓信加入了一支實力較強的軍隊，軍隊的首領就是劉邦。後來韓信做了大將軍，在劉邦打天下的過程中，南征北戰，立下了赫赫戰功。

試想，如果當年韓信被人羞辱，不忍受屈辱，與他們動武，快意恩仇，很有可能被殺害或是送進牢房，那就不可能有後來的封侯拜將了。

宋代高僧慈受禪師有一首〈退步〉詩：「萬事無如退步人，摩頭至踵自觀身，只因吹滅心頭火，不見從前肚裡嗔。」詩的意思是：當受到別人的傷害或吃虧的時候，不能當下就發火或馬上報復，而是要反過來想想我們自己，想想為什麼事情會到這個地步，是不是自己做錯了什麼。如果生氣，後果會是什麼樣，如果心平氣和又會怎麼樣。考慮後，孰是孰非就很清楚了，怒火也就很自然地消退了，矛盾就不再尖銳。

一旦能夠冷靜地面對現實和衝突，凡事讓一分，寬一分，就能輕鬆地找出化解矛盾的辦法，一場即將發生的爭吵或衝突，就可以大事化小，小事化無。與人為善，你讓別人一分，他們自然也會讓你一點，因此說，讓人的同時也是讓自己。

有一位著名的專欄作家，有一天剛打開電視，就發現一位記者朋友正在談論她。說某個愛貓、寫專欄又主持節目的女作家對出版社的編輯很不友好，當編輯懷孕時還對她頤指氣使，而且這個作家的作品也不完全是自己創作的，有相當多的部分是別人替她寫的……看著電視上的節目，聽著對自己的詆毀，她氣得渾身發抖。

過了一會兒，她覺得快控制不住自己的憤怒了，憤怒像洪水一樣向她襲來，狠狠地撞擊著她心裡脆弱的地方。她原以為自己並不在乎別人怎麼說，她對抗誹謗的心理防線很牢固，但沒想到，自己還有脆弱的地方，憤怒的震撼並不像她想的那樣可以輕易承受。她越想越生氣，她覺得自己非要發洩出來才能好受些。因為一直以來她就不是一個忍氣吞聲的人，她想馬上給那個記者朋友打電話，她必須把一切解釋清楚。就在她拿起電話的一瞬間，她猶豫了，在心裡告訴自己，先別衝動。

她想起以前她認識的人也有一些自認為個性正直的，受到誣陷後，為了證明自己是清白的，使用的手段多數都很極端，更有甚者乾脆就來個老死不相往來，到最後大家相互詆毀，對誰都是傷害。於是她決定先忍幾天，下次碰上那位朋友再解釋清楚。過了些天，她們果然見面了，這時她覺得自己很平靜了，就對那位記者朋友說：「我知道你那天在電視上說的是我，可是你也知道，我不是那樣的……」那位朋友聽後急忙向她道歉：「我很抱歉，那是很久以前的節目了，當時我並不認識你，那些都是聽別人說的……沒想到現在又重播了。我以為你早就知道了，所以就沒有事先告訴你……」

聽完朋友的解釋，她的擔心與憤怒頓時煙消雲散了。畢竟，不知者無罪。

可以說，生活中許多的碰撞，都是因為相互之間不肯退讓而造成的。其實，人與人之間的衝突，大部分都是無關緊要的，並不是沒法解決的，有時候其實就是一些細小的地方罷了。所以，不要總是盯著別人的不好，要多想想他們曾經的好，這樣在與人相處時，就能夠看到對方讓自己喜歡的一面，而那些小小的不如意，就會逐漸淡忘了。

我們通常所說的讓一分，寬一分，是指對人要有接納的胸懷，如同大海那樣寬闊，可以容納大大小小的支流，不計前嫌，用寬闊的胸懷來包容一切。讓一分為高，寬一分是福。只有懂得讓之道的人，才會有不凡的氣度和成熟的思想。讓不是膽怯，不是懦弱，更不是無能，而是一種坦然和釋懷。

二、寬容是處世的大智慧

「一隻腳踩扁了紫羅蘭，它卻把香味留在那腳跟上，這就是寬容。」安德魯．馬修斯在《寬容之心》一書中寫過這樣一句啟人心智的話：如果生活是浩瀚的大海，寬容就是一葉輕舟，泛舟於大海，才會知道海的寬闊；如果生活是山，寬容就是蜿蜒大山裡的小路，順著小路登山，才會知道山的高大。多一些寬容，就會多一分信任，多一分理解，多一分友愛。可以說，寬容是處世的大智慧。

戰爭期間，一支部隊在森林裡與敵軍相遇。經過一場惡戰，有兩名戰士同自己的部隊失散了。當時沒人留意他們兩個在哪兒，都以為他們已經犧牲了。他們的家在同一個小鎮，所以參軍之前彼此就認識，也很要好。他們與部隊走散以後，就在森林裡尋找出路。初時他們還像以前那樣互相照顧，不分彼此。十多天過去了，他們仍然沒有找到部隊，回去的希望越來越渺茫。更糟的是，由於這一帶激戰過，動物都四處逃跑或被殺了，找到吃的很不容易。

有一天，他們幸運地打死了一頭鹿，依靠鹿肉又艱難地度過了幾天。這以後，他們再也沒看到任何動物。僅剩下的一點鹿肉，背在年輕戰士的身上，他們都捨不得吃。

這一天，他們在森林中尋找食物，不幸與敵人相遇，經過再一次激戰，兩人又幸運勝利逃脫。跑了一陣，他們覺得把敵人遠遠地甩開了，這時卻聽到一聲槍響，背著鹿肉的年輕戰士中了一槍，還好只是打在了肩膀上。後面的戰友惶恐地跑過來，他臉色蒼白，語無倫次，此時他嚇壞了，抱起受傷的戰友失聲痛哭，趕忙把自己的襯衣撕碎，包紮戰友的傷口。

黑夜又一次來臨，受傷的戰士早已沒力氣說話。沒有受傷的戰士兩眼直勾勾的，嘴裡一直叨唸著他的母親。雖然都很餓，可他們誰也沒有動僅剩的鹿肉，他們都以為活不到第二天了。當太陽再一次升起來的時候，他們得救了——部隊發現了他們。

三十年以後，那位受傷的戰士說：「我知道是誰開的那一槍，他就是我的朋友和戰友。」這實在太出乎意料了。他平靜地說：「他去年離開了這個世界，否則我永遠都不會說，如果是我先死了，我會讓這件事埋在心裡。當年在森林裡，他抱住我時，他的槍筒還是熱的。我明白他想活下去，要獨吞我身上的鹿肉，但當時我就寬恕了他，因為我知道他這麼做是為了照顧他年邁的母親。以後的日子，我裝著不知道這件事，也從不提及。戰爭太殘酷了，沒有戰爭的存在，就不會有這樣的悲劇。然而，他的母親還是沒有等到他回來就撒手離去了。我和他一起祭奠了母親。他跪下來，求我原諒他。其實我早就寬恕了他，沒恨過他。我們又做了多年的好朋友。」

擁有大智慧的人都善於寬恕別人，因為寬容是一種睿智，一種樂觀面對生活的勇氣。它可以驅散生活中的傷心和失望，能傳遞心靈的喜悅和關懷。寬容是一種修養，一種包容和接納，一種坦蕩。寬容是人類的美德，「相逢一笑泯恩仇」是寬容的一種至高境界。

阿根廷著名的高爾夫球手羅伯特·德·森多是一個非常豁達的人。

有一次，森多贏了一場錦標賽。領到獎金支票後，他微笑著從記者的包圍中走出來，來到停車場準備回俱樂部。這時，一個年輕的女子向他走來，她向森多表示祝賀後，又說她可憐的孩子病得很重，也許會死掉，而她卻不知該怎樣做才能支付那昂貴的醫藥費和住院費。

森多被她的講述深深地打動了，他二話不說，拿出筆在剛贏得的支票上飛快地簽了名，然後塞給那個女子，說：「這是我這次比賽的獎金。願可憐的孩子早日康復。」

一個星期後，森多在一家鄉村俱樂部進午餐，一位職業高爾夫球聯合會的官員走過來，問他一週前是不是遇到一位自稱孩子病得很重的年輕女子。

「是停車場的孩子們告訴我的。」官員說。

森多點了點頭，說是有這麼一回事，又問：「到底怎麼啦？」

「哦，對你來說這是一個壞消息。」官員說，「那個女人是個騙子，她根本就沒有什麼病得很重的孩子。她甚至還沒有結婚呢！你讓她騙了！」

「你是說她根本就沒有一個小孩子病得快死了？」

「是這樣的，根本就沒有。」官員答道。

森多長長地吁出一口氣，然後說：「這真是我這星期以來聽到的最好的消息。」

在現實生活中，擁有這一美德的人並不多，但即便如此，我們也不應放棄對這種境界的追求。我們應該明白，淡忘別人的過失，以寬容的心態對人，是一種利人、利己的良性循環，是一種無形的大智慧。屠格涅夫曾說：「曾生活過，而不會寬容別人的人，是不配受到別人的寬容的。」因此，你寬容了別人，在自己有過失的時候，也能得到別人的寬容。

再翻閱以前的歷史畫卷，齊桓公諒解並重用差點射死自己的管仲，從而成就了一番霸業；秦王嬴政，聽取了李斯「海河不擇細流，故能成其深」的喻諫，廢除逐客令，不計前怨，廣納賢才，招納了一大批賢人謀士，完成了一統天下的大業；藺相如諒解了多次羞辱自己的廉頗，留下了「將相和」的美談。由古至今，如果不具備「海納百川」的寬宏氣度，沒有寬容的美德與大智慧，恐怕開創一方事業只能是空想。那些斤斤計較的人，又有哪一個能創出一片天地呢？

世界之大，千奇百態，處世中難免有許多不盡人意的地方，我們不能苛責每件事都完美。在與人相處和提高個人修養的同時，要摒棄斤斤計較的心態，用感恩的心讓自己變得寬容。寬容讓人成長，還可以化解不必要的誤會。寬容也是一種慈悲，我們擁有了愛心，就能更好地處世，更好地生活。雖說每個人為人處世的方法不同，對情感的表達也不同，但遇到自己不如意的人和事，多一些寬容，就會多一分收穫。

高山寬恕了流水在自己身體上的拍打而更加俊秀，流水寬恕了大山阻擋自己的去路而更加靈動。寬容是處世的大智慧，古往今來，多少大度之人用寬容之心，寬闊的胸懷，換來了和諧的人際關係和蒸蒸日上的事業。願我們的胸懷像浩瀚大海，能包容一切。如果人人都學會寬容，那麼這個世界將會芳草如茵，香氣馥郁。

三、有容乃大，學會不斤斤計較

「海納百川，有容乃大。」為人處世要豁達大度、胸懷寬闊，這是一個人有修養的表現。中國有句俗話，叫做「宰相肚裡能撐船」。先不說宰相是不是都有度量，只是人們把那些擁有像大海一樣廣闊胸懷的人看做是可敬的人，人們都喜歡與度量大的人來往。

有容乃大，寬廣的胸懷可以使人目光高遠，不拘泥瑣碎。學會寬容，也就等於為自己扔掉了許多包袱，在前進的途中，就會身心愉悅。人與人之間的相處，不能老是算計，斤斤計較，要用一種寬容忍讓的生活習慣去消除彼此之間的隔閡。一個心胸狹小的人，看問題總是會顯得自私，這種人怎麼能容忍別人？寬容豁達就要有點豪氣，人要是每天被名利纏得很牢，得失算得很清楚，那就沒辦法做到寬容豁達。

一七五四年，身為上校的華盛頓率領部隊駐守亞歷山大市，當時正趕上維吉尼亞州議會選舉議員，有一個名叫威廉·佩恩的議員反對華盛頓成為候選人。

有一次，華盛頓和佩恩因為一個選舉的問題展開互不相讓的爭論，其間，華盛頓不小心失言，說了幾句帶有侮辱性的話。脾氣暴躁、身材矮小的佩恩怒不可遏，拿起手杖把華盛頓打倒在地。

華盛頓的部下聽到此事趕了過來，要為他們的長官理論，華盛頓卻阻止並說服部下，讓他們先退回營地，表示他自己能夠處理此事。第二天上午，華盛頓委託別人帶給佩恩一張便條，約他到附近一家酒店見面。佩恩很自然地想到華盛頓肯定是要求他進行道歉，可能還會向他提出決鬥。

到了酒店，一切卻出乎佩恩所料——放在他們面前的不是手槍，而是盛滿酒的酒杯。見他進來，華盛頓站起身來，笑容可掬，並伸出手來迎接他。「佩恩先生，」華盛頓說，「人都有犯錯誤的時候，昨天確實是我的過錯。你已採取行動挽回了面子。如果你覺得已經足夠，那麼就請握住我的手，讓我們做個朋友吧！」

此事就以皆大歡喜的結果結束了。從那以後，佩恩就成了華盛頓萬千的崇拜者和堅定的支持者之一。

中國有句古話：「量小非君子」。一個人的器量大小，可以從根本上體現一個人的品格優劣。器量大點，可以得到更多人的喜歡。一個人的胸懷可以容下多少人，就能贏得多少人的喜愛和尊敬。

「忍人之所不能忍，方能為人所不能為。」如果我們太過於計較，整天患得患失，那我們肯定會失去很多幸福。當我們不小心和別人發生不愉快時，不妨嘗試換一個角度來看問題，不愉快的事情可能會使我們受到傷害，但是經過我們的正確處理，也可能碰撞出美麗的火花。因此，不妨對雞毛蒜皮的瑣事付諸一笑，你會變得輕鬆愉快。拋棄了斤斤計較的心理包袱，我們會在事業上走得更遠。

艾森豪出生在一個貧窮的家庭，父親工作很辛苦，收入卻少得可憐。全家都靠著父親那有限的收入過日子。

儘管日子過得十分拮据，但父母寧願自己受苦受累也要堅持讓孩子們去讀書。父母對他們的學習要求很嚴，特別囑咐他們要遵守學校裡的規矩，不要惹事。

有一天，父親拖著疲憊不堪的身體一進門，就看見艾森豪的衣服被撕破了，滿身是傷，正被他母親責備。父親知道艾森豪一定是又犯錯了，於是過去問到底發生什麼事了。

艾森豪向父親講述了事情的經過。原來，今天母親給他的學費錢在半路上被一個小偷偷走了，他及時發現了，就追了上去，狠狠地教訓了小偷一頓，身上的傷就是和小偷打鬥時留下的。父親很擔心他受傷，艾森豪說沒什麼大事。隨後父親說：「既然錢沒丟，就算了，人要寬容一些，對別人寬容的同時也是在寬容自己。要是你拿了錢就走，就不會受傷了。」艾森豪不贊同父親的看法，他說：「我們不能縱容壞人犯錯，做人要勇敢，這是您經常對我們說的。」父親也沒有反駁他，而是講了個他自己的故事。

艾森豪的父親結婚時，得到了長輩贈送的一個農場，但是父親不喜歡種地，於是將地變賣，將賣得的錢和一個朋友合夥做生意。那年發生了饑荒，善良的父親將自己店裡的商品都賒給了災民。與父親合夥的人知道這樣下去商店肯定會倒閉，就帶上剩餘的現金走了。父親絕望了，欠批發商的債得父親自己還，父親恨透了那個朋友，想狠狠地揍他一頓，然後把他送進監獄，因為這件事把全家都害苦了。

這麼多年過去了，此事也慢慢淡忘了。後來，債務慢慢地還清了，因此父親也不再憎恨那個朋友。心裡沒有了恨，日子就過得輕鬆了。

父親說：「人和人之間相處，沒有必要事事都跟別人斤斤計較，要有一顆寬容之心。」父親的話一直留在艾森豪的心裡。當艾森豪退役後，擔任哥倫比亞大學校長時，他也經常對他的學生們說，人要學會寬容，不能總是斤斤計較。

人的一生就是由數不清的小事組成的，為這些雞毛蒜皮的小事去傷腦筋，浪費時間，實在是不值得。所以，請不要再在小事上耗費精力，浪費時間。我們要用開闊的胸懷，忽略或是忘卻許多不愉快的經歷。不要為了一些微不足道的小事失去理智，要寬以待人，學會包容他人，這樣就能讓自己過得更輕鬆。

四、敞開心懷，一掃心中陰霾

生活中遇到的煩惱，多得就像沉澱到水底的污漬和泥沙。可以說，任何人都不希望煩惱找上自己，但它卻總是喜歡不請自來，難以避免。你越是討厭它，想把它趕走，它就會把你黏得更牢。因為在你的心裡，始終沒有把它放下，事實上是你一直緊守著它，最後它會把你的生活攪得一團糟。如果你敞開心扉接受它，那就是放開了它，它自會隨著時間的流逝離你而去。

一切煩惱都發自我們心中，所有喜悅的源頭也在心中。面對同樣的人、事、環境，你是選擇煩惱還是選擇開心，都由你自己決定——只要你能敞開心懷，坦然地面對一切，就會一掃心中陰霾，趕走煩惱，得到喜悅和輕鬆。

我們常說，境由心生。意思是說，所面對的人和事，生活在什麼樣的環境，都是自己的心所吸引而造成的。吸引什麼，就會遇見什麼。所以，要想改變所處的環境，首先要改變的就是內心世界。

連續下了幾天的傾盆大雨，好像還沒有停止的跡象。一個人覺得老天真是討厭，於是就站在院子中央，指著天空破口大罵：「你這沒長眼睛、糊塗的老天，下起雨來沒完沒了，你沒看見大雨把我害得有多慘：房子不停地漏雨，衣服也都濕了，糧食被水泡了，柴火都濕了。把我害這麼慘對你有什麼好處？你到底要下到什麼時候？」

這時，路過的風對他說：「你罵得這麼起勁，也不顧自己被雨淋濕了，老天一定被你氣壞了，以後肯定不會隨便下雨了。」

「哼，它要是真能聽到就好了。」罵天者氣呼呼地回答。

聽他這麼一說，愛打抱不平的風覺得有些過分了，回頭對老天說：「你沒聽見下面有人在罵你嗎？你下雨是為了救活乾渴的作物，世人卻因自己的私利受到損害而怨恨你，真是豈有此理！」

這時，只聽空中傳來一聲沉悶的聲音，老天說：「我不可能滿足世上所有的人，住在熱帶的人整天罵我太熱，烤得他們受不了；住在寒帶的人罵我吝嗇，給予他們的陽光少得可憐。住在溫帶的人倒是一年四季都享有了陽光，但他們還是罵我春天風沙不斷，秋天陰雨連綿。對我來說，是非終日有，我早就無所謂了，只要一心一意盡好自己的職責就是了。」

風聽完後很有感觸，它告訴罵天者：「老天這樣做是有自己的道理的，你這樣大罵簡直就是白費力氣。」

罵天者一聽既然如此，覺得也沒必要在這兒費力不討好，還是到別處借些柴火，生火烘乾衣服吧。

生活中不稱心的事隨時都有，敞開心懷，打開自己的一扇心窗，擁有像天空這樣寬闊的胸懷，生活自然就會多些快樂，少些煩惱。面對不如意的事，如果只是抱怨，狀況不但不會好轉，還會使自己身心疲憊。

用傷害再去對付傷害，傷害糾纏在一起就成了一個死結，越纏越亂。有句話說得很好，冤家宜解不宜結，各自回頭退一步看看。敞開心懷，學會寬容，就會輕鬆、快樂。寬容是一隻靈巧的手，可以很容易地解開傷害這個死結。所以，敞開心懷吧，心寬才有地廣，才會有好景緻與你一路相隨。

從前，有兩個人——喬治和吉姆。他們是鄰居，生活在一個小鎮，但他們卻不是什麼友好的鄰居。雖然誰都說不清是什麼原因讓兩家的關係這麼糟糕，但有一點是肯定的：他們彼此不和睦。如果非要說個理由，那就是他們不喜歡對方，但是都不清楚為什麼不喜歡。

兩家發生口角就像家常便飯。雖然夏天在後院開著除草機除草時車輪經常會碰在一起，但這個時候，雙方連個招呼都不會打。

有一年夏天，喬治和妻子外出度假去了。開始時，吉姆和妻子並沒發現他們不在家。因為他們彼此也沒必要注意對方，除了時不時的爭吵，他們相互間沒什麼可說的。

但是有一天傍晚，吉姆除完自家院子的草，休息的時候，發現喬治家的草已經長得很高了。尤其是自家草坪剛剛除過，所以喬治家的草看上去就特別顯眼。過往的人一眼就可以看出喬治和妻子不在家，而且離開的時間不短了。吉姆想，這不等於公開邀請小偷過來嗎？而後，一個想法像閃電一樣攫住了他。

「每次我看到那高高的草坪，就開始猶豫，我真不願意去幫助我不喜歡的人。」吉姆說，「儘管我努力從腦子裡抹去幫他們除草的想法，但應該幫忙的想法卻揮之不去。於是第二天，我就把鄰居家長得太長的草除好了。」

「幾天之後，喬治和朵拉旅遊回來。他們回來沒多長時間，我就看見喬治在街上走來走去。他在這條街每個房子前都停留過。最後他敲了我家的門，我打開門，他站在門外盯著我，臉上露出不解的表情。過了好一會兒，他才開口說話：『吉姆，是你幫我除的草？』這是我印象裡他第一次叫我吉姆。『我問了附近所有的人，他們都說不是自己。傑克說是你，是真的嗎？』他的語氣有點責備。

『沒錯，喬治，是我除的。』我略帶挑釁地回答，我以為他會對我大發雷霆。但他猶豫了一下，像是在想該說什麼。最後他用低得不能再低的聲音嘟囔著說了聲謝謝，說完馬上走開了。」

兩家就這樣打破了沉默。雖然他們的關係沒有發展到坐在一起開心地聊天，他們的妻子也沒有相約去逛街，但他們的關係確實改善了。當再一次一起除草的時候，他們相互間有了笑容，也開始問候「你好」。

可見，只要敞開心懷，一切就會有所改變，不管是朋友之間，還是同事、鄰居之間。大家彼此之間並沒有深仇大恨，有時橫在我們之間的只是小小的心結。需要我們做的，就是打開心靈的窗戶，一掃心中的陰霾，這樣快樂就會隨之而來。

人應該有寬廣的胸懷，待人處事之時切勿心胸狹窄，而應寬宏大量，寬恕待人。敞開心懷，去擁抱現在擁有的和將要得到的，生活中的每時每刻就會像順流而下的溪水，悠然地淌過心田。一掃心中的陰霾，心裡就會坦蕩寧靜，如沐春風。

五、公心對人，平心對事

晉平公在位的時候，有一個叫南陽的縣缺一個官。晉平公問祁黃羊：「你看誰可以當這個縣官？」祁黃羊說：「解狐這個人不錯，他當這個縣官合適。」平公很吃驚，他問祁黃羊：「解狐不是你的仇人嗎？你為什麼要推薦他？」祁黃羊笑答道：「您問的是誰能當縣官，不是問誰是我的仇人呀！」平公認為祁黃羊說得很對，就派解狐去南陽做縣官。解狐上任後，為當地辦了不少好事，受到南陽百姓的普遍好評。

過了一段時間，平公又問祁黃羊：「現在朝廷裡缺一個掌管軍事的官，你看誰合適？」祁黃羊說：「祁午能擔當。」平公又覺得奇怪：「祁午不是你的兒子嗎？」祁黃羊說：「祁午確實是我的兒子，可您問的是誰能當掌管軍事的官，而不是問祁午是不是我的兒子。」平公很滿意祁黃羊的回答，於是採納了祁黃羊的建議。後來事實也證明這個人選非常合適。

孔子聽說了這件事後稱讚說：「好極了！祁黃羊推薦人才，對別人不計較私人仇怨，對自己不排斥親生兒子，真是大公無私啊！」

後來，人們就用「大公無私」這個成語，來形容完全為集體利益著想，沒有一點私心。也可以指處理事情公正，不偏向任何一方。

為人處世，最好是衡量輕重，以求公心對人，平心對事。假如每個人都能以寬容和公平、敦厚的心，去面對人生百態，那就會生活得更自在。

所謂公心，是指一個人對他人的利益、對公共利益的重視、維護程度和責任感的強弱。能對公共利益重視，有責任感，能自覺維護，甚至為之犧牲自己，我們稱之為有公心。理性的發展以及長期社會生活的體驗，使人們逐漸認識到，為了更好地滿足自己的長遠利益和整體利益，需要有公心，也就是要公心對人。

在生活中，應該有顆平常心，用平常心去對人、對事，生活就會在不知不覺中更加眷顧你，給你機會。

有一個年輕人想參軍，他希望自己將來可以成為一名優秀的軍人。經過一番考慮，他決定去投靠一位大將軍。一天，他無意中和一位朋友談起自己想參軍的心願以及想好了去哪裡。很巧的是，這個朋友認識這位將軍，二人關係還不錯，當下寫了一封信交給他說：「你要投靠的這位將軍跟我交情甚篤，我給你寫封介紹信，到了部隊，你去找他，以後他一定能幫上你。」

這個年輕人參軍以後，並沒有想透過朋友這層關係去得到一些好處，走近路，使自己盡快晉升。他認為自己和別人沒什麼不同，所以他沒有拿著信去找將軍，而是從頭開始，踏踏實實一步步地往上走。

過了兩年，有一次，年輕人的朋友受將軍的邀請，來到他家作客。談話間，朋友忽然想起這個年輕人，想知道他現在怎麼樣，就向將軍打聽這個人。將軍說他從來沒聽說過這個人，這位朋友很是納悶，決定去找這個年輕人問個究竟。他找到這個年輕人後，不解地問他：「將軍沒聽說過你，是不是你把我給你寫的介紹信弄丟了？」

年輕人和氣地說道：「怎麼會呢？我認為自己只是一個想參軍的小兵。」說完，從衣服口袋裡拿出朋友寫的介紹信，又交還給他——信一直沒有拆開。看到這一切，兩人相視而笑。臨走的時候，這位朋友還是向將軍推薦了這個年輕人，將軍大為感慨。

在生活中，懂得公心對人，平心對事，就不會被一些事情左右，使自己為難，也會減少許多是是非非。反過來說，即使別人傷害了你，因為自己內心的公平，就不會去冤冤相報，難道這不是讓自己活得更輕鬆、更快樂的好辦法嗎？

不論你身處什麼地位，擁有多大的權力，都要把自己當作普通人來看待，公心對人，平心對事，不被身邊的人或事左右，不被表象蒙蔽自己的雙眼，而是根據自己的判斷妥善地處理事情。

六、寬恕別人才能使自己輕鬆

能夠寬恕別人，就是善待自己。要知道，仇恨只會把我們的心靈永遠禁錮在黑暗中，而寬恕卻能讓我們的心靈重獲自由。寬恕別人，可以讓生活變得更輕鬆愉快。寬恕別人，可以讓我們擁有更多的朋友。寬恕別人，就是讓自己得到解放，還心靈一份自在。

試想，倘若全世界都把「以眼還眼、以牙還牙」的報復方式作為生活準則，那麼周圍的人恐怕都要變成仇人了。我們要寬恕別人，不論他有多麼壞，就算曾經受過他的傷害，也一定要放下。只有這樣，才能得到真正的快樂，使自己輕鬆。

有一天中午，艾德蒙先生剛進廳門，就聽見樓上傳來輕微的響聲，是他熟悉不過的響聲——阿馬提小提琴的聲音。「有小偷！」艾德蒙先生衝上樓。果然，一個十三歲左右的少年正在那裡撫摸小提琴。

他臉龐瘦削，衣服破爛，不合身的外套裡面鼓鼓的。艾德蒙先生用他結實的身體擋在了門口。少年發現了他，眼裡充滿了惶恐、膽怯，這種眼神讓艾德蒙感覺非常熟悉。一瞬間，艾德蒙想起了往事……他沒有生氣，臉上滿是微笑，親切地問道：「你是丹尼爾先生的外甥瓊嗎？我是他的管家。前幾天，他說你要來，沒想到你來得挺快的！」

那少年先愣了一下，但很快就說：「我舅舅出門了嗎？我想先出去隨便看看，一會兒再回來。」艾德蒙先生點點頭。少年放下小提琴，剛要走，艾德蒙又問道：「你也喜歡拉小提琴嗎？」

「是的，但拉得不怎麼好。」少年回答。

「那為什麼不拿這把琴去練習，我想你舅舅一定很高興聽到你的琴聲。」他笑著說。少年猶豫了一下，還是拿起了小提琴。

出門時，少年突然看見艾德蒙先生在歌德大劇院演出的巨幅照片，渾身抖了一下，頭也不回地跑遠了。

艾德蒙明白那位少年已經知道是怎麼回事了——主人不會用管家的照片來裝飾客廳。黃昏時，艾德蒙太太發現小提琴不見了，就問道：「親愛的，你心愛的小提琴壞了嗎？」

「哦，沒有，我把它送人了。」

「送人？不可能！它可是你生命中不可缺少的一部分。」艾德蒙太太並不相信。

「你說得沒錯，那把小提琴對我很重要。不過，如果它可以拯救一個迷途的靈魂，我願意把它送人。」他就把事情的經過告訴了妻子。

三年後，在一次音樂比賽中，艾德蒙被邀請擔任決賽評委。最後，一位叫里特的小提琴選手奪得了第一名。看著這個孩子，他覺得似曾相識，一下子又想不起來。頒獎結束後，里特拿著一隻小提琴匣子來到艾德蒙面前，不好意思地問：「艾德蒙先生，您還認得我嗎？」艾德蒙搖搖頭。

「您曾經送過我一把小提琴，我一直珍藏著，直到今天。」里特哭著說：「那時候，每個人都看不起我，我也覺得自己沒什麼希望了，是您讓我在苦難中重新拾起了自尊，下定決心要改變逆境。現在，我可以無愧地將小提琴還給您了……」

三年前的一幕重現在艾德蒙的眼前，原來里特就是「丹尼爾先生的外甥——瓊」！艾德蒙的眼睛濕潤了，少年沒有讓他失望。

寬恕是一座讓我們遠離痛苦、憤怒和傷害的橋。在橋的另一邊，喜悅和平靜在等著我們。

寬恕別人，就是去尋找傷害你的人好的一面，發現他美好的地方，那樣，感情就會發生微妙的變化，就會覺得這個人也並不是那麼討厭。但是有些時候，人們總是對別人的過錯念念不忘，目的是為了防止自己再次受到傷害。如果一直將過去的不愉快記著，那就很難走出陰影，久而久之，人就始終在不愉快中度過。一旦寬恕別人，放下那些不愉快的往事，得饒人處且饒人，生活就會煥發新的光彩，我們就會一身輕鬆。如果不能原諒他人的過錯，一直懷恨在心，內心就會被怨恨佔據，最後受傷害的還是我們自己。

有兩個人畢業於同一所戲劇學院，畢業後又一起進入演藝圈，兩個人都相當有才氣，在上學的時候就已經出類拔萃了。兩人雖然一直很要好，但也因為都很好強，而暗中較勁。兩人科系不同，一位是導演系的，一位是表演系的，入行以後，一位是導演，一位是演員。

經過各自的努力，他們在工作上表現得都很出色，都擁有了自己的一片天地。有一次，有部電影需要他們合作。考慮到兩人以前是要好的同學，而且彼此又很瞭解，合作起來應該會很輕鬆愉快，所以兩人答應一起合作。

這個導演要求演員向來都非常嚴格，因此在拍戲的過程中，連自己的老同學也會毫不留情面地加以指責。而這位做演員的老同學也很有個性，對很多事情都有自己的看法，所以拍戲過程中火藥味總是很濃。

有一天，幾個鏡頭一直拍不好，導演總是不滿意，忍不住對自己的老同學大發脾氣，說：「我從來沒見過你這麼差的演員！」演員一聽，當時就愣住了，隨後轉身回到休息室，別人怎麼說都不出來繼續拍戲。

大家都勸導演，於是他很不自在地走到休息室，對老同學說：「你也知道，人在生氣時，往往會口不擇言，一旦冷靜下來想了想……」演員一聽，他是來道歉的，就把頭抬得高高的。一見他那副模樣，導演到嘴邊的話又咽下去了，過了一陣才突然說了一句：「我想了想……還是覺得你是個很差勁的演員！」

此話一出，後果可想而知，演員不再參演這部電影，兩人也就絕交了。各自在演藝圈奮鬥一生，歲數漸漸大了。直到演員得了重病，臨死前他想見導演一面。導演得知後趕忙來到醫院，在演員永遠閉上眼睛之前，淚流滿面地說：「我發誓，你是我這輩子所見過的最好的演員！」演員注視著老同學，含笑而逝。二人多年的結怨，終於冰釋，只是太晚了。

仇恨讓人變得憤懣、狹隘，只有放下仇恨，才能坦蕩、從容。丟棄心中的仇恨，是寬恕別人，也是放過自己。放下了怨恨，人才會變得平和、輕鬆，才能從內心深處散發出一種恬淡和從容。

寬恕就像清澈的流水，能洗淨內心的污濁，讓心靈更加透澈。在充滿仇恨的日子裡，最不幸的不是你憎恨的那個人，而是你本身。心中有恨的人，永遠不如心中有愛的人快樂。寬恕別人的過錯，就是找回自己的快樂。

七、化敵爲友，多爲自己開條路

在大千世界裡，每個人都難免會有與人發生衝突的時候。此時，是針鋒相對，還是微微一笑，點頭而過呢？哲學家說過，堵住痛苦回憶的激流的唯一方法就是原諒。兩個人越是對手，就越會有許多相似的地方，只是大家追求的不同，各為其主，身不由己。如果不是為了各自的立場，也許對手之間完全可以成為朋友。

美國第十六任總統亞伯拉罕·林肯出身於鞋匠家庭。當時的美國社會非常注重出身。在競選總統之前，有一次他在參議院演講，遭到一位參議員的羞辱：「林肯先生，在你開始演講之前，我希望你記住，你是一個鞋匠的兒子。」

這位參議員就是要打擊林肯的自尊心，讓他退出此次競選。這時，參議院陷入了沉默，所有的人都看著林肯。

林肯從容地說：「非常感謝你讓我想起我的父親，他已經過世了。但我會永遠記住你的忠告，我知道我做總統無法像我父親那樣，他是一位很好的鞋匠。」

頓時，參議院響起熱烈的掌聲。

林肯回過頭，對那個無禮的參議員說：「據我所知，我父親以前也為你的家人做過鞋子，如果你覺得鞋子不合腳，我可以幫你調整它。雖然我不是一個偉大的鞋匠，但我從小就跟著父親，我也懂點做鞋子的技術。」

然後，他又對所有的參議員說：「對參議院的任何人都一樣，如果你們腳上的那雙鞋是我父親做的，而它們需要修理，我一定會幫忙。但是，有一件事是肯定的，我無法像我父親那樣偉大，因為他的手藝是無人能及的。」

說到這裡，他流下了眼淚，所有的嘲笑都化為真誠的掌聲。

有人批評林肯對政敵的態度，覺得應當打擊他們，消滅他們。林肯卻說：「難道我不是在消滅政敵嗎？當我使他們成為我的朋友時，政敵就不存在了。」

的確如此，如果一心只想著報復，只會讓對立的情緒更深，怨恨會越積越多。退一步講，就算在報復中一方佔了上風，過些日子，恐怕也會為一時的魯莽而悔恨，而化敵為友是制止報復的明智辦法。

世界千變萬化，豐富多彩，每個人都需要寬容，也都需要朋友。寬容了一個人，就多了一座可供溝通的橋樑；多一個朋友，就會在人生的旅途上多條路。

有一位賣磚塊的商人叫卡爾。有一段時間，他的經營陷入了困境之中，而這一切都是他的競爭對手造成的。對手在卡爾的經銷區域內時不時地走訪建築師與承包商，還對他們說：「卡爾的公司信譽低，不可靠，他生產的磚塊品質不合格，公司也面臨倒閉。」

開始時，卡爾並不認為對手的謠言會嚴重傷害到自己的生意，但是後來他的生意遭受了很大的損失，這件麻煩事使他心中生出了無名之火，真想發洩一下——「用一塊磚頭敲碎對手那可恨肥胖的腦袋」。

某個星期天的早晨，卡爾去聽一位牧師講道，講道的主題是：要施恩給那些故意與你為難的人。卡爾認真聽講，還把牧師說的每句話都記下來。結束後，卡爾去找牧師並告訴他，就在上個星期五，他的一位競爭者讓他丟掉了一份價值二十五萬元的大訂單。聽完他的訴說，牧師教他要以德報怨、化敵為友，還舉了很多例子來證明自己的說法。

當天下午，卡爾在辦公室安排下週的日程表，發現有一位住在維吉尼亞的顧客正為新蓋辦公大樓的一批磚而煩惱。因為這幢樓的工程很大，但是客戶需要的磚卻不是卡爾他們公司製造供應的那種型號。仔細看了客戶的訂單後，卡爾發現這批磚和競爭對手的產品很相似。而此時，卡爾確信那位到處給自己造謠的競爭者完全不知道有這筆生意。

這使卡爾開始困擾。要是聽從牧師的忠告，他覺得自己應該告訴對手這筆生意，同時祝他好運。但是，如果從自己的本意出發，他希望對手永遠都得不到這筆生意。

經過激烈的思考掙扎後。牧師的忠告一直出現在他的腦海，並且佔了上風。最後，也許是因為很想證實牧師的看法是錯誤的，卡爾拿起電話給競爭者打電話。

知道是卡爾以後，那位對手尷尬得不知道說什麼才好。卡爾就很有禮貌地直接說，打電話是為了告訴他有關維吉尼亞的那筆生意的事，希望他能夠談成這筆生意。

當時，那位對手結結巴巴地說不出話來，但是卡爾明顯感覺到，對手很感激他的幫忙。卡爾又答應打電話給那位住在維吉尼亞的客戶，並且推薦對手來承攬這筆訂單。

這件事情過後，卡爾得到了意想不到的收穫。對手不但不再到處散佈謠言，甚至還把他無法處理的一些訂單轉給卡爾來做。現在，不僅二人之間的衝突得到了化解，卡爾也感覺比以前更愉快，更有成就感。

的確，只知道報復，只會讓衝突更深；用愛去化解彼此之間的衝突，衝突會自己消失。以德報怨，化敵為友是避免別人再次傷害自己的上策，這樣，你就很容易把對手變成朋友，也能讓自己的發展道路更寬廣。

在日常生活和工作中，要想和別人化敵為友，首先要承認自己的不對之處。不要總害怕承認自己的不對，以為這樣別人就會看不起自己。其實，真正有能力的人是勇於承認自己的不對之處的。即使你的對手表達的意思與你不同，但是，對方提出的正確看法，你也應該樂於接受。當然，這並不意味著你要舉手投降。你應該考慮的是對方所說的話中包含的訊息，而不是說話的人。而且，承認自己錯了，常常能夠帶來讓對方閉嘴的好處。

還有一點就是讓你的對手知道你非常需要他，它能在很大程度上激發對方的積極性。這樣做其實是利用一種接納，來抬高對方的自尊，對方一高興，就可以避免把問題激化，盡可能減少或消除將來的敵對怨恨。

八、對自己寬心，才不會受累

在日常生活中，原諒別人的同時也要懂得原諒自己，對自己寬心。苛責自己不能成就一番事業，不能出人頭地，原諒自己不是單純的姑息或縱容……不要緊緊抓住自己的過錯、缺點不放，一味地苛求自己，這樣反而會使自己喪失自信和勇氣，丟掉許多快樂。我們要學會給自己減輕包袱，使自己輕鬆起來。

遇到對自己不友好的人或事，可以偶爾自我安慰、自我解嘲一下，告訴自己順其自然吧，沒必要太計較了，該忘記的就忘記，能不計較的就不去計較，學會對自己寬心，原諒了別人，自己也會一身輕鬆。

有一個人在擁擠的車流中開著車緩緩前進。當他等紅燈的時候，一個衣衫襤褸的小男孩敲著車窗問：「先生，要不要買花，你看多漂亮的花，買一朵吧？」這人心想，反正也沒事，不如買一朵吧。他剛剛遞出去十塊錢，綠燈就亮了，後面的車猛按喇叭催促。可是，那個小男孩還在問他喜歡什麼顏色的花。於是，他非常粗暴地對男孩吼道：「什麼顏色都可以，你只要快一點就行了！」男孩很快地選了一束花送過來，並且十分有禮貌地說：「謝謝您，先生。」

又開出一小段路後，那人有些良心不安了：自己的態度這樣粗暴無禮，可是對方卻只是個孩子，而且還是那樣地有禮貌……於是，他把車靠到路邊停下來，下車走回男孩身邊，道了歉，並又掏出十塊錢，讓男孩自己也選一束花送給喜歡的人。男孩笑了笑，再次道謝後接過了鈔票。

可是，當那人再回去發動汽車時，卻發現車子出了故障，動不了了。一陣忙亂之後，他只好決定步行去找拖車幫忙。誰知就在這時，一輛拖車戛然停在了他的車前。那人驚喜萬分。拖車司機笑著走過來對他說：「先生，需要幫忙嗎？有個小男孩給了我二十塊錢，請我過來看看。對了，他還寫了一張紙條。」那人接過紙條打開一看，上面只寫著一句話：「這代表一束花。」

這位先生開始時對小男孩的態度的確有點惡劣，當他意識到這一點並回去向小男孩道歉的時候，小男孩卻一點都沒有生氣，還微笑著對他說謝謝，甚至後來還用他的錢去幫助他。或許對於這位先生來說，這件事情給他上了一堂人生中非常重要的教育課：無論自己是什麼心情，身處什麼環境，都要學會善待別人。同時，這個賣花男孩的身上還有著更為重要的一個品德，那就是寬容。對待他人的批評、反感，甚至是沒有理由的侮辱和謾罵的時候，都要時時保持著一顆平和的心去寬容對待。這種寬容不單單是對別人的原諒，也是對自己的寬容。

有時候，人們總是對一些不愉快的事情記得很深，甚至會終身不忘。但是要知道，記憶中的怨恨會越積越深，隨時隨地都有可能反過來作用到自己身上。而自己生氣、怨恨，別人卻是毫不知情，所以，還是應該對自己寬心，這樣才不會受累。

很久以前，蘇州瘟疫橫行，死人不計其數，名醫薛雪玲和葉天士更是忙得不可開交。

一天，一個全身浮腫、皮膚已呈黃白色的人找薛雪玲看病。診斷後，薛雪玲認為他已無法醫治。

病人傷心地離開了，出門正巧碰上葉天士。葉天士為他診視一遍後，發現此病是由於長期使用一種有毒的驅蚊的野草所致，於是，便給他開了一服解毒藥。不久，病人痊癒後敲鑼打鼓地來向葉天士謝恩。

薛雪玲知道此事以後，覺得葉天士是借這件事有意抬高自己，給自己下馬威，一氣之下，將自己的住宅起名為「掃葉莊」。葉天士聞訊後，也不甘示弱，把自己的書房更名為「踏雪齋」。兩人原本是同住在一條街上的好朋友，名聲也不相上下。這下，兩位好友從此斷交，不僅別人替他們惋惜，他們自己也感覺生活像缺少了什麼，很是鬱悶。

多年之後，葉天士八十多歲的母親得了心臟病，按病情應服「白虎湯」，但他擔心藥力太猛，母親年老體弱經受不起，結果母親的病情總不見好轉。別人勸他是否要問問薛雪玲，葉天士斷然拒絕：「以我和他的恩怨，他如何肯幫忙？」

但又過了一陣，因母親病情日益嚴重，不得已葉天士只好派人詢問薛雪玲時，薛雪玲說：「醫者，貴在救人也，豈可以計私怨乎？此病非用白虎湯不可。只有這藥能對症下藥，其他藥恐無濟於事。」葉天士聽到後，虛心採納了這個意見。服藥後，母親的病果然好了。

後來，葉天士登門致謝，於是二人重又結為好友，彼此都感覺心裡像搬開大石頭一樣輕鬆，蘇州醫藥行的人士也前來祝賀。

人與人之間的關係有時是很微妙的，僵局的打破往往只需要一個動作或是一句話而已。可是，多數情況下大家都很好面子，邁出第一步總是覺得很難。其實大可不必這樣，人生在世不過短短幾十年，何必糾纏於這種小事，把自己寶貴的生命耗費在無謂的賭氣之中呢？對自己寬心，先原諒別人，用自己的誠懇去感動別人，就可以打破僵局，重新獲得友誼，彼此都可以得到輕鬆。

現代社會，火氣大的人是越來越多，誰都不願意受氣，委屈自己，為了一點小事，就能引發一次爭執，最後是兩敗俱傷。其實，人有時候需要有點阿Q精神，就是自我安慰一下，什麼都無所謂，不去計較。對自己寬心，就能化有氣為無氣。面對意想不到的瑣事，要自己給自己寬心，在安慰中說服自己，就能讓寬容和大度的陽光掃去身邊的不愉快。如此對待人和事，就會當忍則忍，能讓則讓，永遠都不會生活在痛苦中。

人生總是難免遇上各式各樣意想不到的是是非非，為自己開一扇心窗，就是自己安慰自己。要明白，生活就像天空一樣，並不是一直純淨透明。萬里天空，有風也有雨，有陰也有晴。我們都是凡人，不可能一切都做到非常完美，所以，不要太苛求自己。遇到衝突時，先原諒別人，對自己寬心，才不會受累。

九、學會換位思考，多理解他人

「己所不欲，勿施於人」是儒家思想的一條人際交往原則，意思是，自己不喜歡的東西，不要要求別人接受。當自己要對別人做什麼事情之前，先考慮一下這件事自己能接受嗎？如果自己都不願意接受，就不要去對別人做這件事情。這句話是提倡大家透過換位思考的方式，去瞭解別人的想法和需求，這樣就不會因為自己的私欲而損害他人的利益。理解他人，尊重他人，設身處地為他人著想，人與人才能和睦相處。

蘇東坡是北宋時期著名的書畫家、文學家、詞人、詩人，也是唐宋八大家之一。有一天，他和佛印禪師學習坐禪。開始時倒沒什麼，不一會兒就覺得無聊了，再看看對方，卻是坐得穩穩的，神情極其平靜，一心念經。忽然之間，一個奇怪的想法躍入了蘇東坡的腦海，他想知道有什麼事情可以激怒大師。於是，蘇東坡打破安靜，問禪師：「我打坐的形狀像什麼？」禪師回答：「像是一尊佛。」隨後禪師又反過來問東坡：「我打坐像什麼？」東坡想要激怒禪師，故意說：「一堆牛糞。」可是禪師並沒有表現出一絲的生氣，還是很平靜。

蘇東坡回家之後，高興地告訴蘇小妹：「今天坐禪的時候，我佔了禪師的便宜，他看我打坐像是佛，我看他像是牛糞。」小妹聽了哈哈大笑說：「你才是那個被佔便宜的人呢，你自己罵了你自己。心中有佛的人看別人是佛，心中有牛糞的人看別人才是牛糞。」此時，蘇東坡才恍然大悟。

由此可見，以己度人的思維方式有時會出笑話，但是正面的「以己度人」則具有積極的意義，也就是「己所不欲，勿施於人」，要透過換位思考去看事情。在工作和生活中，對待他人就像對待自己，自己都不認同的事情也不要勉強他人去接受。

人與人是平等的，我們並不比別人高貴，別人也不比我們卑賤。因此，當你覺得對方該怎麼做時，不妨把自己放在別人的角度去考慮問題。如果只是從自己的觀點、利益出發，也許會得利，似乎是佔了便宜。但是，將來某一天，別人也會抱怨你。

在古代歷史上，有過眾多的推己及人的先賢，治水的大禹就是其中一個。大禹接受治水任務時，剛剛和塗山氏的一個小姐結婚。當他想到有人被水淹死時，心裡就像自己的親人被淹死一樣痛苦、不安。於是他告別了妻子，率領二十七萬治水群眾，夜以繼日地進行疏導洪水的工作。在治水過程中，大禹三過家門而不入。經過十三年的奮戰，疏通了九條大河，使洪水流入了大海，消除了水患。

到了戰國時候，有個叫白圭的人跟孟子談起這件事，他誇口說：「如果讓我來治水，一定能比禹做得更好。只要我把河道疏通，讓洪水流到鄰近的國家去就行了，那不是省事得多嗎？」孟子很不客氣地對他說：「你錯了！你把鄰國作為聚水的地方，結果將使洪水倒流回來，造成更大的災害。有仁德的人，是不會這樣做的。」

從大禹治水和白圭談治水這兩個故事來看，白圭只為自己著想，不為別人著想，這樣是難免要害人害己的。大禹把洪水引入大海，雖然費工費力，但這樣做既消除了本國人民的災害，又幫助消除了鄰國人民的災害。這種推己及人的精神，值得我們欽佩和學習。

還有一個故事，故事發生在非洲某個國家。那個國家的白人政府實施「種族隔離」政策，不允許黑人進入白人專用的公共場所。白人也不喜歡與黑人來往。

有一天，有個白人在沙灘上做日光浴，由於過度疲勞，她睡著了。當她醒來時，太陽已經下山了。此時，她覺得肚子餓，便走進沙灘附近的一家餐館。

她推門而入，選了張靠窗的椅子坐下。她坐了約十五分鐘。沒有侍者前來招待她。她看著那些招待員都忙著照顧比她來得還遲的顧客，對她則不屑一顧，她頓時怒氣滿腔，想過去責問那些招待員。

當她站起身來正想前去責問時，看到了一面大鏡子。她看著鏡中的自己，眼淚不由奪眶而出。原來，她已被太陽曬黑了。此時，她才真正體會到黑人被白人歧視的滋味。

能夠換位思考的人，就很容易跳出「當局者」的盲點，能夠從「旁觀者」的角度清醒審視一切，從多方面考慮問題，這樣，心胸就會「豁然開朗」，就會輕鬆地找到一片廣闊天地。因此，對個人而言，換位思考不僅能夠避免「鑽牛角尖」，還能從眾多方法中選擇到更有效的捷徑，從而把問題處理得更圓滿。

我們常說，一千個讀者眼中便有一千個哈姆雷特。當我們的意見與他人發生衝突時，不妨換位思考一番，從對方的角度去考慮所遇到的問題，設身處地從對方的角度去思考，某些我們認為無法調和的衝突也許就會輕而易舉地解決。當我們做到這些的時候，就能夠更多地理解別人、寬容別人，就會發現原來生活是如此美好。

十、學會欣賞，發現他人的優點

刀和磨刀石是親密的夥伴，它們互相欣賞著對方。刀感慨，如果沒有磨刀石的打磨，自己就不會這麼鋒利；磨刀石說，如果沒有刀的光顧，它就感覺自己沒有實現自身價值。可是好景不長，有一段時間，刀與磨刀石互不買帳，都說自己更有價值，更有作用。主人為了讓它們能夠團結共事，就把它們叫到了一起。

「你知道為什麼我喜歡用你嗎？」主人先問刀。

「因為我鋒利。」刀炫耀地說。

「你知道你為什麼能鋒利嗎？」主人問。

「因為有我啊！」在一旁的磨刀石忍不住插嘴說。

接著，主人又問磨刀石：「你知道為什麼我會看上你嗎？」

「因為我有用。」磨刀石高傲地說。

「你知道你為什麼有用嗎？」主人問。

「因為有我啊！」在一旁的刀也忍不住插嘴說。

最後，主人對刀和磨刀石說：「你們一個被我重用，一個被我看上，是因為你們誰也離不開誰。一旦離開了對方，刀便成了一塊廢鐵，磨刀石便成了一塊廢石，難道你們甘願成為廢物而讓我扔掉嗎？」

石和刀聽後，恍然大悟，重歸於好。

這個故事告訴我們，要學會發現別人的優點，並真誠地取人之長，補己之短。在人際交往中，很重要的一點就是看一個人是否欣賞他人，又是如何欣賞別人的。一個人如果視同道為冤家，看他人一無是處，那麼自己也將難有大的作為。只有學會欣賞別人，才能為自己的發展提供和諧的人際環境，也會讓被欣賞的人鼓起信心和勇氣。

一年秋天，屠格涅夫在打獵時，無意間撿到一本皺巴巴的《現代人》雜誌。他隨手翻了幾頁，竟被一篇題為〈童年〉的小說所吸引。作者是一個初出茅廬的無名小輩，但屠格涅夫卻十分欣賞。他四處打聽，幾經周折，找到了作者的姑母，表達了他對作者的肯定與欣賞：「這位年輕人如果能繼續寫下去，他一定會很有前途。」作者從姑母那裡得知這一消息後欣喜若狂。他本是因為生活苦悶而信筆塗鴉寫小說的，由於名作家屠格涅夫的欣賞，竟一下子點燃了他創作的火焰，讓他找回了自信和人生目標，於是一發而不可收地寫了下去，最終成為具有國際聲譽的文學家和思想家。他就是偉大的列夫．托爾斯泰。

欣賞他人，需要具有寬廣的胸襟和無私的勇氣。欣賞他人，可以是出自愛才之心，容才之量，也可以是助人之難、解人之惑。有的時候，這種欣賞會在不知不覺中改變他人的命運。

努力發現他人的優點，是一種境界，一種涵養，一種素質，一種情感。發現並欣賞他人的優點，是對他人的一種肯定、一種理解、一種尊重、一種鼓勵，也是對他人的個性、特長、言行、優點和成就發自內心的褒揚稱讚，是滋潤人與人之間友誼之花的最美的甘霖。在人生的旅途中，努力發現並學會欣賞他人的優點，會讓世界充滿溫暖與生機。

生活在競爭激烈、節奏加快的現代社會中的人們，往往習慣於將眼光投注在自己身上，很少去關注他人。就像一隻埋進沙子的鴕鳥，只看到自己的優點和別人身上的缺點，一味地覺得自己是優秀的，自己應該獲得與別人同樣的成績；可實際上不是這樣的。於是他開始抱怨，把自己弄得很累。如果多努力發現他人的優點並虛心學習，改正自己的缺點，那麼，他就離成功不遠了。

努力發現並欣賞他人的優點是一種感召的過程，是一個能動的過程，是主觀見諸於客觀的過程。當你發現並欣賞他人的優點，就會按照客觀事物的本來面目去認定別人，評價別人，總結別人，學習別人，而不是以你的好惡去看待他人，只有真正按照客觀存在去公正地認定別人，才能有心靈的震撼。

學會從多角度看人，學會欣賞別人的優點，讚美別人的長處，常對世界懷有感恩之心，你的人生就會進入一種更新、更美的境界。努力發現並承認別人的優點，便能將那一枚一枚既弄痛自己又刺痛別人的鐵釘，變為鑲嵌在眼裡的鑽石，這樣一來，落在眼中的世界，將變得更璀璨、更美麗。

要知道，每個人的心靈空間都是有限的，如果裝滿了他人的缺點，就沒有空間去存放他人的優點了。所以，我們應當清除心靈空間中的那些垃圾缺點，騰出空間，去發現和收集他人的優點。

努力發現並欣賞他人的優點並不難做到，這要求我們多想想他人的好處和優點，並毫不吝嗇地稱讚他們，這樣，就會在人與人之間形成良性互動，使我們的工作環境更溫馨可愛，人際關係也能大大改善。此外，也可以在擁有朋友的同時體味到人性的純美、真情的可貴。

其實，每個人都渴望別人的欣賞，渴望自己的優點能得到他人的賞識。所以，每個人都應該學會努力發現並欣賞他人的優點。

學會從多角度看人，學會欣賞別人的優點，讚美別人的長處，
常對世界懷有感恩之心，你的人生就會進入一種更新、更美的境界。

第二章

遠離怒火，停止抱怨

情緒是我們自己的，沒有放在別人身上，因此，要調節情緒也只有靠我們自己。不過一般來說，理解別人的情緒容易，調節自己的情緒就困難了。正所謂當局者迷，旁觀者清。情緒操縱術告訴我們，要想控制自己的情緒，就應該遠離怒火，停止抱怨。

你在工作中，是否也曾經遇到失去控制、失去理智的時候？你發火之後，情況有所改觀嗎？你的憤怒和抱怨得到緩解了嗎？答案當然是否定的。因為憤怒無法解決問題，只會讓問題更糟糕。如果你在工作中失去冷靜，為怒火所控制的話，可能就會給自己帶來不好的影響。所以，智者就應該做到控制自己的情緒。

一、憤怒是地獄之火

可以說，人類最糟的罪就是憤怒。小孩子會突然發脾氣而弄得一家不寧；太太發脾氣會引起頭痛病；丈夫發脾氣會失掉胃口……毫不誇張地說，憤怒是罪惡的源泉，可以使人生出怨恨，最終導致家庭不和、社會紛擾。

里特福德．威廉姆斯和其妻子維吉尼亞合著過《憤怒可以殺人》一書，這本書的書名對四十一歲英年早逝的威廉姆斯來說成了一種不幸的預言。

十一年前，威廉姆斯在工作中弄傷了背部，從那以後他就失去了工作並一直承受著疼痛的折磨。他是個很愛生氣的人——因為受傷他生氣，因為背傷不癒他生氣，因為老闆不公平他生氣，因為家人和朋友不夠體貼他生氣……

威廉姆斯大多數時間都在家裡待著，不回朋友的電話，總是為自己的不幸生活而鬱鬱寡歡，就這樣把自己封閉起來。只要一問和他以前生活相關的事情，如「你還和以前的同事們見面嗎？」他就馬上顯得很生氣。

有一天，他正在街上走，突然看見了他的一個「仇人」，結果他一下子就雙手抓著胸口摔倒在地。他被救護車送到了當地的醫院，在那裡，他告訴醫生說，他一看到那個人就火冒三丈，接著就感到胸口劇烈地疼痛，醫生判斷他是心臟病發作。

之後，這種情緒仍伴隨著他。四十一歲的時候，他第二次心臟病發作。在醫院裡，心臟病專家、心理醫生、牧師、他的兄弟和妻子圍在他身邊，給他下了「最後通牒」：別再這麼生氣了，不然你會死的，你的心臟再也承受不了這樣的刺激了。威廉姆斯的臉上又出現了那種習慣的表情，眼淚也出來了，他回答道：「不！我寧願死也不能接受這一切，我無法做到不生氣。」他的這句話同時也預告了他的死亡。

三個星期後，當威廉姆斯對著電話怒氣沖沖地大喊大叫的時候，他的心臟病第三次也是最後一次發作了。當他的妻子發現他時，他已經死了，死的時候手裡還抓著電話筒。

憤怒和疲勞總是接踵而至，而且任何情感都是要耗費精力的。生氣時，身體需要能量來啟動各個部位，使其擺出進攻的姿勢——心跳加速、血壓升高、全身肌肉收縮。憤怒時，人們會感到異常興奮，腎上腺素分泌會增加，當鬆弛下來時，就會感到疲乏不堪。

如果我們每天都要憤怒，一天就要經歷好幾次這種興奮而後疲乏的惡性循環。可以想像出，人的精力會被這種不斷騷擾的憤怒耗費多少，光想一想這種狀況就讓人感覺累。

有項調查證明，在不愛生氣的人中，有百分之六十七的人每天早晨醒來時會感到精力充沛、頭腦清醒；而與此相對，那些經常生氣的人只有百分之三十三有這樣的感覺。當被問及是否有過憤怒後疲乏不堪的感覺時，百分之五十六的不愛生氣的人回答說有，高達百分之七十八的愛生氣的人說有。

有一次，史蒂夫安靜地坐在座位上等著拿藥，而他旁邊的一位年紀較大的人卻等得焦躁不安，恨不得把藥劑師吃了。「你們這些人知道你們在幹什麼嗎？你們太沒有效率了。我不能因為你們工作沒做好就在這裡乾等！」那個人喋喋不休地說著。

史蒂夫主動對他說：「你的感覺應該不是很好，是不是感到很累？發這麼大的脾氣會把人累壞的。我很明白這種狀況，朋友，因為我以前也是這樣。可是，說真的，這麼做不值得，真不值得。」回家後，史蒂夫開玩笑地對妻子說：「你猜我今天遇到誰了？我遇到以前那個整天生氣的我自己了！」

一般來說，人們的行動在受到限制、願望不能實現、做事遇到挫折、權利被侵犯、勞累過度等時，就會產生憤怒的情緒。但無論是什麼原因產生的憤怒，都會影響人的身體健康。正如《黃帝內經》所說：「喜怒不節，則傷臟，臟傷則病起。」由於憤怒，還會引起食欲降低、食而不化。經常這樣，消化系統的生理功能必將發生紊亂。

憤怒還可以影響人體的腺體分泌。如正在哺乳的母親，由於發怒可使乳汁分泌減少或使其成分發生改變，這對嬰兒是十分不利的；又如人在受了委屈、侮辱而發怒時，淚腺分泌增強，泣不成聲。再如，隨著憤怒的程度和時間的增加，唾液可由增加而變得枯竭。比如有的人在爭吵開始時唾沫橫飛，逐漸就會變得口乾舌燥，吵嚷聲也隨之慢慢消失了。此時，人的唾液成分會發生改變，即使是吃平時最喜歡的東西也會覺得食之無味。

班傑明·富蘭克林曾說過：「憤怒從來都不會沒有原因，但沒一個是好的。」其實，憤怒本身不過是你情緒冰山的一角，它並不是獨立存在的，而是被其他的情緒所引發，如害怕、怨恨或不安。所以，既然憤怒不可避免，我們要做的就不是壓抑憤怒，而是找到引發自己憤怒的情緒源頭，在憤怒之前將其消除，從而去掉憤怒帶來的消極影響。

憤怒不能解決問題，反而會傷害身體，也會給我們的實際生活帶來不利的影響。所以，我們要消滅情緒的憤怒之火，控制憤怒情緒。

二、發火只會讓自己更失敗

壞脾氣是一把雙刃劍，在刺傷別人的同時，也會傷了自己。生氣只是拿別人的錯誤來懲罰自己，所以古人說「怒傷肝，喜傷心，憂傷肺，恐傷腎」。發火會產生心跳加快等一連串反應，對健康不利。所以，不要輕易發火。

芭芭拉是個非常美麗的已婚婦女，但也是個非常容易生氣的人。家長會上，老師委婉地說她兒子吉米有「過動症」的傾向，芭芭拉當時就怒火沖天，回家後不由分說地扣了吉米一個禮拜的零用錢，並責令他吃完飯後在臥室罰站兩個小時，不准看電視，不准玩遊戲。

吉米非常委屈，但看著盛怒中的母親，他只好回到自己的臥室，開始折騰自己所能折騰的一切東西。於是，芭芭拉第二天還得收拾吉米弄亂的臥室，她又開始對著兒子大吼大叫。

由於芭芭拉總是容易發火，不分對象和場合地發脾氣，摔東西，丈夫凱瑞就開始盡量少回家。芭芭拉沒有了發火的對象，只好以吃東西來發洩。結果，本來非常美麗苗條的芭芭拉，因為不斷地生氣吃東西，在短時間內就比婚前增加了二十公斤。

「我沒有辦法，因為凱瑞不回家。我竭力壓抑我的憤怒，能壓多久就壓多久，通常是三到六個月，然後我就會突然爆發，一下子把氣全撒出來。」芭芭拉說，然後，又開始新一輪的發火和吃東西，最後的結果就是：「我記不清自己曾反覆增減了多少體重，但肯定是一個很大的數字，而這都是因為生氣。」

其實，發火是人經歷挫折的一種後天性反應。人們以自己所不欣賞的方式消極地對待與自己的願望不相一致的現實。如同水受到激發，就會氾濫；火受到激發，就會蔓延；人受到激發，就會作亂。發火，可以讓溫婉可人的美女變成潑婦，也可以讓彬彬有禮的君子變成小人。

其實，當受到侮辱或攻擊時，發火是不能解決問題的，它只能使你陷入社交的困境。由於情緒失控，頭腦不清醒，就更難達到擺脫困境的途徑。在這種情形下，唯一可取的辦法就是保持冷靜。

冷靜是一種積極的、由靜轉動的心理活動過程。冷靜能使自己客觀地從對方的攻擊中尋找出不符合事實、不近情理之處，抓住他的弱點，分析他的目的，然後採取對策，加以揭露，予以反擊，使自己從劣勢轉為優勢，轉危為安。

拿前面所舉的事例來說，芭芭拉以發火來對待兒子的「過動症」。剛開始，吉米是有點害怕，但沒多久，他發現媽媽也只是只會發火的紙老虎，根本不會對他進行什麼強制性措施，因此反而更加肆無忌憚地胡鬧了。而丈夫凱瑞在偶遇了脾氣溫柔的清潔工艾米後，漸漸找到了男人的威嚴感。兩年後，芭芭拉收到律師發來的離婚協議書，於是她更加生氣，又開始拿起一大堆垃圾食品狂吃。她實在想不明白，凱瑞居然會為了一個各方面條件都不如自己的清潔工而甩了她。

生氣可以解決問題嗎？答案當然是否定的。事情不會因為你發火而有所轉變，別人也不會因為你憤怒而對你謙讓。相反地，你的憤怒傷害了別人的自尊，別人會更加對你產生反感，甚至在你遭遇困境時落井下石。

心理專家曾對一大批在職員工做過一項調查，就憤怒問題及健康狀況對他們進行了提問，還問到他們是否有過曠職的經歷。心理學家先問第一個問題：在過去的三個月裡，你有沒有因為生病而不工作的情況？

有意思的是，那些有習慣性憤怒（每天生氣一次或更多）問題的人比那些不愛生氣的人對這個問題給出的肯定回答要高出四倍多。同樣，那些當時感到強烈憤怒（暴怒）的人出現曠職的可能性比那些只感到有些不悅的人高出兩倍。

這個發現讓心理學家相信，很多員工會由於憤怒而曠職，而身體上的病患只是為他們提供了一個合乎規定的藉口。如果特別生氣，那受傷的可能性是不生氣時的七倍。暴怒的時候，受傷的幾率是不生氣時的十二倍。

發火對身體不利，對工作同樣也沒什麼好處。事實證明，沒有一個老闆喜歡愛發火的員工，而容易發火的人比起那些不愛動怒的人一生會更換更多的工作，被辭退或主動辭職的次數更多，事業的穩定性更差，最終，可供他們挑選的工作會越來越少，只好找到什麼工作就做什麼工作，而不是有步驟、有選擇地發展自己的事業。

很多脾氣不好的人會找一些能容忍他們動輒發火的工作（條件是能把工作做完）。這樣，就等於為他們自己的壞脾氣找了一個「安樂窩」。但不幸的是，大多數這樣的工作都是危險性大而報酬低的工作，於是他們就更加愛生氣，讓同事覺得不好相處，老闆覺得不好管理。所以，這些人永遠無法升職，只能原地踏步，甚至被辭退。所以說，要想不斷地進步，獲得事業的成功，最好的辦法就是做自己情緒的主人。因為，發火只會讓你得罪很多人，只會令自己「失道寡助」，只會讓自己更失敗。

所以，請在發火之前深吸三口氣，告訴自己：「我要冷靜，生氣只會讓事情更糟糕。」當你想出口傷人時，請告訴自己：「我要冷靜，發火只會讓事情更糟糕。」記住，遠離怒火，停止抱怨，才可能受到老闆的賞識，獲得同事的友誼，才可以快樂地升值，直至成功。

三、學會冷處理，讓大事化小

在每個人的生活中，可能都存在著這樣或那樣的衝突，比如夫妻不和、鄰里不睦、同事不諧等等。這時候，發脾氣和抱怨只會讓衝突更加激化，所以，我們不如學學「冷處理」的方法，把正在閃射的「火星」冷卻。

學會冷處理，就會冷靜地調整事態，面對各種複雜的變化時就會從容不迫，處逆境而不亂，受打擊而不驚。學會冷處理，就可以讓大事化小，小事化了，讓衝突慢慢消失，化成一片祥和。

美國一名男子因傷害他的前妻，而被法庭責令到心理專家那裡進行憤怒管理的輔導，但男子並不是很樂意，因為他發自內心地認為自己沒有做錯什麼，更沒做什麼應被看做是違法的事。男子辯解道：「我一般是不願和人發生衝突的。我總是盡可能地避免衝突。我生氣的時候也不會罵人，包括我的前妻，因為我不想傷害別人的感情或讓他們難堪。我寧可把很多火氣都壓在自己心裡，也不會輕易去傷害別人。

那天我本來不願和她發生衝突，我本來是想離開而不是爭吵，但是她站在門口擋住了路，所以我就把她推到了一邊，然後她就打電話叫來了員警。」

既然不想傷害別人，為什麼還要暴力地推開前妻呢？心理學家相信，他的本意也許並沒有想傷害前妻，但是他無法控制自己的情緒。他看到前妻擋在門口，就氣血上升，上前推了一把，而這種「身體傷害」就成了他上法庭的鐵的證據。這一推，就讓前妻的前額撞到了牆角，受了傷，也讓自己吃了官司。如果能提前想想後果，在情緒激動的時候不去採取行動，一切是不是就可以避免了呢？

每天我們都要面對很多事情，有時難免會有不如意，很容易就會發火。但是，發火只會令事情更加糟糕，而冷處理則會顯出你的大度，顯出你的睿智。一個有涵養的人，是很少發火的，因為他們知道，生氣無法解決問題，冷處理才會讓一觸即發的衝突煙消雲散。

費爾和蜜雪兒結婚後，由於兩個人都非常自我，所以總是爭吵不斷，互不相讓。蜜雪兒懷孕後脾氣更壞，費爾一氣之下，就有了外遇。等他們的女兒滿一週歲後，兩人就離了婚。當費爾和安娜再婚時，蜜雪兒在婚禮上大鬧一場，說費爾是一個混蛋，不負責任，是感情騙子。說安娜是狐狸精，只會勾引別人的丈夫，最後還是會被費爾這個花花公子拋棄，弄得大家不歡而散，朋友們也看盡了笑話。

其實，安娜並不是費爾和蜜雪兒的第三者，她是在他們離婚之後才和費爾相識、相愛的。蜜雪兒的大鬧讓她很傷心，也很委屈，但她沒有抱怨，也沒有責問費爾，而是採取了冷處理的方式來對待這件事。

蜜雪兒大鬧婚禮時，安娜攔住娘家的朋友，讓蜜雪兒盡情地發洩，絲毫不攔她。蜜雪兒放聲大罵，但因為沒人回應她，只好憤怒又傷心地走了。第二天，安娜獨自去看蜜雪兒和她的女兒，並給她們送去二萬美金，說這是費爾和她的一點心意，希望孩子可以進好一點的托兒所，還說費爾對不起蜜雪兒，她很抱歉，只要她能補償的，一定會盡力，並留下了自己的電話。

在人與人的交往中，將心比心是最重要的。蜜雪兒也不是不講理的人，她後來也知道了安娜並不是第三者，而且這個女子竟然那麼大度，任自己在她的婚禮上大吵大鬧，已經覺得有點不好意思，又見安娜送來了費爾從來沒想過給的撫養費，就更加愧疚了。慢慢地，蜜雪兒也就不再去找他們的麻煩，而費爾也因為安娜的「大事化小」而更加珍惜這份婚姻。在兩人的生活中，每次費爾發脾氣，安娜總是安靜地聽著，等費爾累了，安娜就送上一杯茶水，說：「累了吧？那就喝口茶歇會兒吧？」

如果沒有什麼大不了的問題，喝過茶後這件事就到此為止；如果有一些原則性的事情，安娜就會在費爾冷靜的時候說說自己的看法。時間長了，本來脾氣很暴的費爾也不再亂發脾氣，開始心平氣和地和安娜過日子了。

如果蜜雪兒像安娜這樣懂得「冷處理」，也許她和費爾就不會離婚了。安娜遇事很會「冷處理」，不僅讓丈夫的前妻對自己慢慢消除了敵意，還讓丈夫對自己更加依戀和感動。

的確，夫妻和情侶在日常生活中需要磨合。磨合，就是一種「冷處理」。耳鬢廝磨，花前月下，當然美好。但是，舌頭和牙齒也有碰撞的時候，何況是兩個具有獨立個性、獨立見解的人？如果是兩情相悅，就不要計較小節，出現了矛盾，千萬不要火爆地發脾氣，而要冷靜下來，多點理性分析，多想想對方的好處，適時溝通，多向對方靠近，還有什麼隔閡不能消除呢？

心理學家指出，適度的寬容，對於改善人際關係和身心健康都有好處，它可以有效地防止事態擴大，避免產生嚴重後果。大量事實證明，不會寬容別人，也會殃及自身。過於苛求別人或苛求自己的人，很容易處於緊張的心理狀態之中，給自己帶來不利的影響。

心境平和，心情愉悅，也能讓身體更健康。所以，當有些事情一時想不通時，不要去鑽牛角尖，應暫時把它放一放，把注意力轉移到別的地方去。遇事多一分冷靜，學會冷處理，就可以大事化小，化干戈為玉帛，讓自己的人際關係更和諧。

四、遠離衝動，否則後悔晚矣

在所有不愉快的情緒中，憤怒可以說是最難擺脫，也是最難控制、最具誘惑力的負面情緒。人在憤怒的時候，很容易失去理智，衝動地做一些事情，甚至作出遺恨一生的決定。情緒操縱術告訴我們，一個人在憤怒的時候，請盡量不要草率地下決定，否則作錯了決定，後悔晚矣。

有這樣一則笑話：一個男子出差回來，走到家門口，卻聽見了男人打呼的聲音。他非常傷心，就默默地走開，發了一個短消息給老婆：「離婚吧。」老婆覺得很意外，認為老公一定是在出差時有了外遇，就同意了離婚。

三年後，兩人相遇了，老婆忍不住問他當年為什麼要提出離婚。得知是聽到男人的打呼聲之後，老婆忽然忍不住笑了：「你為什麼不進去看看？」

「看什麼？給彼此留點面子吧。好聚好散！」

「當年那是電腦軟體裡的小獅子聲。」

很多時候，人們認為女性的憤怒是一種懦弱，而男性的憤怒卻被認為是辦事很有魄力。但事實真的是這樣嗎？男人因為當時不可抑制的憤怒，衝動地提出了離婚，卻不知，那是多麼幼稚的決定。看看已經為人妻的賢慧女人，男人豈是一個後悔了得？

衝動的後果是非常嚴重的，甚至在實際生活當中，衝動導致的損失也是不可彌補的。因為衝動，你可能從此失去一個你心愛的人、失去一個好朋友、失去一批顧客……因為人在發怒的時候，往往已經失去了理智，基本上無法支配自己的行動，從而做出讓人後悔不已的事情。

在婚姻生活和朋友交際中，不能衝動；在工作中，我們更應該遠離怒火。研究者發現，愛生氣的員工往往十分衝動，做事不計後果。他們更關心的是自己的需要、期望、目標能否得到滿足，而沒有考慮大局，想想公司的需要和目標。比如，如果老闆在快下班的時候問他能不能加班趕完一個緊急工作，他會生氣地大聲說：「絕對不行，今天我該做的工作我都做完了，我下班後不能加班。」然後就氣沖沖地離開了。

這樣的人往往認為老闆是覺得自己「人善被人欺」，或者是自己的能力特出才會被要求加班。所以，他覺得自己應該被升職。而如果被升職的是別人，他就會憤憤不平，並且從此以後開始消極怠工。他會不斷地問同一個問題：「為什麼他們不能公平地對待我？」

可是，他卻沒有問過自己，為什麼在沒有得到自己想要的東西時，會生這麼大的氣？明明知道生氣會讓自己的處境更糟糕，為什麼還要生氣，還要衝動地頂撞老闆？

憤怒就像一面鏡子，一面觀察自己的鏡子。看看這面鏡子，你能看到什麼呢？也許你像是一個被寵壞的孩子，也許你對自己和同事的期望太高。然而，也許有問題的不是他們，而是你自己。看看周圍的同事，他們是不是也像你一樣在工作時怨氣沖天。如果他們做著同樣的工作而沒有生氣，那你就應該問自己：為什麼別人不生氣而你卻這麼生氣？

其實，衝動是一種最無力也是最具破壞性的情緒，它給人帶來的負面影響可能遠遠大於我們的想像。在你衝動地說一些話、做一些事時，憤怒往往像暴風驟雨一樣來得猛、去得快，但在短時間內會有較強的緊張情緒和行為反應。當憤怒的情緒鬱結於心時，會產生強大的力量，一旦發洩，會造成難以估量的損失。

在二〇〇六年的世界盃足球賽決賽中，法國大師級球星齊達內，在加時賽的最後十分鐘用頭衝撞對方球員，用一張紅牌為自己的世界盃生涯畫上了句號，並導致整個球隊把冠軍拱手讓給了義大利。

齊達內用頭撞對方球員，很多人都說是因為義大利球員馬特拉齊先辱罵了齊達內，故意激怒他，本性好鬥的齊達內立刻情緒失控，衝動地做出了違規行為，被裁判紅牌罰下。結果可想而知，齊達內的離場，讓緊繃著弦的法國隊失去了靈魂支柱，他們不知道為什麼在關鍵時刻會出現這種衝動的行為。隊員們心緒不穩，氣勢也弱了很多，失敗幾乎已經定局。

衝動就像是在喝酒，一旦你喝了第一杯，就會一杯接一杯地喝下去，越喝越醉。憤怒就像酒癮一樣，讓易怒的人無法控制，一旦陷入憤怒的情緒裡就無法自拔。

一般來說，使自己生氣的事，都是觸動了自己的尊嚴或切身利益，很難一下子冷靜下來。所以，當你察覺到自己的情緒非常激動，眼看控制不住時，可以採用及時轉移注意力等方法自我放鬆，克制自己衝動的情緒。

俗話說，忍一時風平浪靜，退一步海闊天空。這句華就是告訴我們，在某些容易惹人生氣的特殊情況下，不可意氣用事，不要衝動。因為在缺乏周詳考慮的情況下，頭腦一發熱，做事不加思考，極容易判斷錯誤，草率地做出傷害自己和傷害別人的事。

要想很好地操縱自己的情緒，就請遠離衝動，不要草率地作一些衝動的決定，因為人一旦發怒，就會忘記一切，失去理智，錯過解決問題和衝突的最好時機。人在憤怒的支配下，往往會傷害別人的感情和尊嚴，這樣做，也會給自己帶來不好的影響。所以，請遠離衝動，讓自己平和地面對一切。

五、停止抱怨，因爲那沒什麼作用

居里夫人說：「失敗者總是找藉口，成功者永遠找方法。」這裡所說的藉口，也可以說是抱怨的另一種表達方式。在失敗面前，人們總能找出種種藉口，編織各種各樣的理由，來掩飾自己的懦弱、錯誤和無能。在日常生活、工作和學習中，總是充斥著這樣、那樣的藉口和抱怨，但是抱怨有用嗎？

一位招聘經理曾經說過這樣一段話：「每次面試，我都會問應聘者『你為什麼離開上一家公司』。之所以問這個問題，我是想正面瞭解他對以前所在公司的評價。如果他說以前的公司多麼多麼不好，有這樣那樣的問題，那麼不管這個人有多優秀，我都不會錄用他。因為我相信，那些整天喜歡抱怨的人，做事也不會用心。」

事實就是這樣，沒有一個老闆喜歡常常抱怨的員工，他們要的是結果，而不是各種藉口和抱怨。當一個員工經常把不滿、不幸的事掛在嘴邊，過分抱怨自己太辛苦、太累、老闆不重視自己……不僅不會得到同事和老闆的同情，反而會讓大家反感。

鄧尼斯在一家電器公司做銷售員。半年後，他很不滿意自己的工作，就憤憤不平地對朋友說：「我的老闆一點也不把我放在眼裡，哪天惹急了我，老子就不做了！」朋友立刻說：「我舉雙手贊成你，鄧尼斯，這樣的老闆一定要給他點顏色看看。不過你現在離開，還不是最好的時機。」

鄧尼斯一怔，問：「為什麼？」

朋友說：「如果你現在走，老闆的損失並不大。你應該趁著還在這裡時，努力去為自己拉一些客戶，成為公司獨當一面的人物，然後帶著這些客戶離開公司，這樣，你的老闆就會受到重大損失，會非常被動。」

鄧尼斯覺得朋友說得非常有理，於是就停止了抱怨，專心地努力工作。事遂所願，經過半年多的努力工作，鄧尼斯有了許多的忠實客戶。再見面時，朋友聽說了他的業績，就說：「現在是時機了，要趕快行動啊！」

鄧尼斯喝了一大口啤酒，興奮地說：「我發現近半年來，老闆對我刮目相看，最近更是不斷給我加薪，並和我長談過，準備讓我做他的助理，我暫時沒有離開的打算了。」

對鄧尼斯來說，抱怨讓自己灰心喪氣，只想辭職走人，但停止抱怨，努力工作，卻換來老闆的加薪和賞識。他的經歷告訴我們，與其抱怨老闆不重視我們，不如反省自己，不斷提高自身的能力。

氣候有冷暖，人生有四季。人生在世，有誰能事事如意？所謂的「萬事如意」，只是人們的美好祝福，生活給予我們更多的是平淡或者失意。面對失意，有人選擇了堅強，有人選擇了逃避，更多的人則選擇了抱怨。然而，抱怨並不能解決問題。面對不如意，只有勇敢向前，讓自己更強大。而不是退縮，為自己找安慰。

比爾．蓋茲說：一個善於為失敗準備藉口的人，無論怎麼掩飾，都是一個不折不扣的懦夫。面對問題時，與其怨天尤人，哭天喊地，不如鼓起勇氣，向命運回擊。

要想擁有沒有抱怨的世界，首先要學會尋找原因，從源頭去審視自己，我為什麼會抱怨？怎樣才能不抱怨？只有找到病因，積極「治療」，才能徹底得到根治，從而在走向快樂的同時，擁抱成功。

尼維爾有五個兄弟姐妹，家境貧寒，他們的父母經常因為錢而吵架。母親經常叨唸父親多賺些錢，以便能維持家裡的開支，並能時不時為五個孩子買點好東西。但他們的父親卻往往是喝得酩酊大醉，然後就是大發脾氣，抱怨老闆不重視自己，抱怨老婆沒有好工作，然後兩個人就開始摔東西吵架。

忽然有一天，他們的父親開始穿著襯衫打著領帶，他們的母親也不再抱怨。原來，老闆讓尼維爾的父親做銷售，而不只是在倉庫搬運貨物。一家人都非常高興，開始和睦相處了一段時間。但好景不長，脾氣暴躁的父親很快開始和客戶吹鬍子瞪眼，氣走了好幾個公司的客戶，被老闆重新調到倉庫不說，還扣了兩個月的薪資。這樣一來，尼維爾一家又回到了以前那種近乎貧窮的生活。母親非常生父親的氣，抱怨日益升高，兩人最終離了婚。

其實，人生中並不總是事事如意，我們要做的就是去適應它。既然無法改變什麼，那就不要隨意抱怨。要明白，「存在的就是合理的」，你所受到的待遇是有它「存在」的背景、條件和原因的。一個失敗的人，自身也有欠缺的地方。所以，與其抱怨別人，不如改變自己。自己改變了，一切都有可能改觀。

在現實生活中，無論遇到什麼，都請停止抱怨，因為那沒什麼作用。抱怨只會讓事情更加糟糕，而且傷人又傷己。要做一個能掌握自己情緒的人，就要學會端正心態，遠離抱怨，用瀟灑豁達的人生態度去生活。

六、及早說出內心的不滿

日常生活中，每個人都有不順心的時候，只是表達方式和生氣的頻率不同罷了。有的人會忍而不發，而有的人則喜歡盡情地發洩；有的人只是偶爾生氣，而有的人則每天都會怒氣沖沖。然而，沒有人會主動去選擇生氣。

生氣是基於我們神經系統的一種本能反應。夫妻之間，朋友之間，甚至是陌生人之間都有可能對彼此產生不滿，從而心生怒氣。而過度的憤怒會對一個人產生巨大的負面影響，所以，在你的不滿還沒有爆發之前，請把你的不滿說出來，越早越好，而不要讓憤怒之火把自己燒得遍體鱗傷。

憤怒就其本身的特性來說是短暫的。它就像拍打沙灘的波浪一樣，來得快，去得也快。對大多數人來說，五到十分鐘之後，火氣就下去了。但對某些人而言，憤怒會揮之不去，並有可能愈演愈烈。每個人都希望能快樂幸福、心境平和，但憤怒的潮水會將這一切淹沒。

有一次，一個叫鮑比的男人找到心理專家金特里。鮑比說在剛剛過去的週末，他和女朋友之間發生了一件事，其實也不算什麼大事。他們本來為這個週末做了一些計畫，但她突然之間就更改了計畫，並且事先沒有告訴自己，這讓鮑比很不高興。

心理專家金特里問：「如果我們把生氣的程度分為十個等級，在你聽說她改變主意的時候，你到底有多不高興呢？」

鮑比說：「我覺得應該有四級。」

金特里說：「如果是四級，那你就不是不高興，而是生氣，或者說是憤怒。我把四到六級稱為憤怒，而一到三級才是不高興。那麼，你有沒有告訴你的女朋友你很生氣？」

「沒有，我只是把我的怒火埋在心裡了，一直以來我都是這樣。然後我們就一起出去吃飯了，可是等了很長時間飯菜也沒有上來，而在這期間，我心裡的火氣越來越大，我想那時候我的憤怒應該有六或者七級吧。」

金特里說：「兩者是不一樣的。六級意味著你非常憤怒，但七級表示你的憤怒是暴怒，雖然是輕度的暴怒，但仍然是暴怒。」

「那就是六級。」

金特里分析道：「那個時候你離暴怒只有一步之遙了。對於你的憤怒，你是否採取了一些措施呢？」

鮑比想了想說：「當時沒有，我盡力讓自己平靜下來，然後和女友一起出發去看棒球賽了。可是還沒有到達棒球場，我們就在車裡吵了起來。我不知道是什麼把我惹惱了，反正當時我非常生氣，一拳打在汽車的通風口上，一下子就把它打裂了。我想我當時憤怒的等級有九級或者十級。」

其實，如果當時鮑比在剛剛感覺不高興的時候就大膽地說出來，告訴他的女朋友，她這樣不和他商量就改變計畫，使他覺得不公平，以後這樣的事情要跟他商量，也許後面的不愉快就不會發生了。可是他沒有這樣做，沒有及時地說出自己的不滿，結果導致自己越來越憤怒。由此，我們可以得到這樣一個啟示——說出你的不滿，越早越好。

一個朋友講了一段他的灰色記憶：大學畢業後不久的那個夏天，對他來說可謂多災多難：先是以運輸為業的父親出了車禍；接著是公司裁員，資歷最淺的他被列入名單。這還不夠，在大學就讀的女友又來了分手信。心智還幼嫩的他，一時間彷佛覺得天塌地裂。可是他生性驕傲，硬是咬牙離開了公司，給家裡寄去了自己的生活費，心平氣和地答應與女友分手。做完這一切，他一個人在大街上買了杯可樂。他一個人坐在遮陽傘下，看著一杯褐色的飲料，心情可想而知。但還沒有等他喝上幾口，就將杯子打翻了，可樂灑了一桌，也灑了他一身。就在那一瞬間，他突然淚流滿面，壓抑的情緒決堤了。

後來，他由脆弱到堅強，由幼稚到成熟。講述這個故事是為了告訴人們，發洩並不代表軟弱；相反，懂得發洩，才能保持健康的心態，應對人生挑戰。

每個人都會有不良情緒，而壓抑是大忌，我們必須學會用適當的方法排解不良情緒，只有這樣，才能每天保持一種好心情。同樣，如果一直把憤怒壓在心裡，以至有一天到了要爆發的地步，那這種爆發會產生什麼後果，是不可預測的。

約翰在公司裡的人緣很好。他性情溫和、待人和善，幾乎沒有人看他生氣過。有一次，一個朋友經過他家，順道去看望他，卻發現他正在頂樓上對著天上飛過來的飛機吼叫。朋友好奇地問他原因。

約翰說：「我住的地方靠近機場，每當飛機起落時都會聽到巨大的噪音。後來當我心情不好或是受了委屈、遇到挫折，想要發脾氣時，我就會跑上頂樓，等待飛機飛過，然後對著飛機放聲大吼。等飛機飛走了，我的不快、怨氣也被飛機一併帶走了。」

回家的路上，朋友不禁想著，怪不得他的脾氣這麼好，原來他知道如何適時宣洩自己的情緒。

人活於世，不可能事事順利，出現一些壓力是不可避免的，就像船一樣，必須要有些載重，才能航行。一味地壓抑心中不快，並不能解決問題。在生活節奏緊張、繁忙的現今社會中，人們有必要學習如何舒解自己的精神壓力，這樣才能活出健康豁達的人生。

七、甩掉怨氣，堅定做人的志氣

在當今社會，面對越來越激烈的競爭，人們承受的壓力也越來越大。在這種無形的壓力下，如何保持良好的心態，甩掉怨氣，堅定做人的志氣，已成為許多人面臨的共同課題，而「忍」就是一帖能讓人保持良好心態的良方。「忍耐」從某種積極意義上來說是中國傳統文化的精華。

俗話說：「小不忍則亂大謀」；道家也把「忍耐」看成是全身遠禍的法寶；清代曾國藩則認為：「面對命運，忍耐似乎是走向成功的唯一法門。」人的一生是不斷奮鬥的歷程，在這奮鬥的過程中，也就是在不斷地增加自己的自信。畢竟，勝負得失是不可避免的，但只要具備忍耐的胸懷，那麼，不管有多大的壓力，都會風平浪靜、轉危為安。

昔日寒山問拾得曰：「世間謗我、欺我、辱我、笑我、輕我、賤我、惡我、騙我，如何處治乎？」

拾得云：「只是忍他、讓他、由他、避他、耐他、敬他、不要理他，再待幾年你且看他。」

可見，所謂的忍耐並不是懦弱，而是在積蓄力量。

二十世紀二〇年代，有兩家老字號的藥店。一個叫萬壽堂，另一個叫濟世堂。兩個老東家都是極其和善的，雖然離得很近，但相互之間涇渭分明，各做各的買賣，倒也相安無事。可是到了三〇年代初，萬壽堂的後人繼承了父業，對父親的那種保守的經商之道極其不滿，於是他便從價格、藥品等各個方面進行改制，對濟世堂藥店展開了全面的攻勢，力圖擠垮濟世堂，從而壟斷當地的藥店。

憑著自己年輕、敢想敢做，再加上世家的根底，幾個來回，年輕人就令濟世堂變得處於弱勢。在萬壽堂的強大攻勢下，濟世堂的經營每況愈下，雖然採取了一些補救措施，但仍然沒有辦法挽回這種局面，於是便宣告停業。

年輕人心高氣傲，這一次大獲全勝，自然趾高氣昂，計畫著更進一步的發展。他哪裡知道，濟世堂其實並沒有完全垮掉，並未到非關門不可的地步。憑實力，濟世堂也完全可以再與「萬壽堂」好好地較量一番，但濟世堂的老闆卻沒有那樣做。他忍下了這口怨氣，不想直對萬壽堂的鋒芒，弄得兩敗俱傷，而是避開萬壽堂的正面進攻，採取了以退為進的策略迎接萬壽堂的挑戰。

不久，濟世堂換了個地方，在遠離萬壽堂的一條街上重新開張了。既然不能與萬壽堂同街經營，換個地方總可以吧？但新店把原來的大鋪面換成了小門面，昔日大藥店的氣派已不復存在。消息很快傳到萬壽堂老闆那裡，他不禁心花怒放：濟世堂，你已經被擠出了這條街，再也別想回到這條街上來與我爭地盤、搶顧客了。得意之餘的他沒有採取進一步策略排擠濟世堂，而是放了濟世堂一馬。

過了一些日子，濟世堂的又一家分號開業了，還是小鋪面，也仍然「躲」著萬壽堂。有人便提醒說：「濟世堂又開了一家分號，生意不錯，有可能是想東山再起，我們要有所防範啊。」萬壽堂老闆卻並未放在心上。

後來，濟世堂相繼開了幾家類似的小藥店，和萬壽堂的生意也不相上下，兩家相安無事，似乎沒有發生過搶奪「地盤」的恩怨一樣。讓人沒有想到的是，三年之後，經過一番準備，濟世堂突然宣佈自己將在老店舊址重新開業。萬壽堂的老闆驚駭不已，他沒有想到被自己擠走的濟世堂還會東山再起，給自己造成了放虎歸山之患。他打算像三年前那樣發動一次商戰，趁濟世堂立足未穩，把它再一次趕出去，可很快發現，這是絕對不可能的！

直到此刻，他才終於明白濟世堂在這三年中，已經開了許多的分號，分散經營銷售，銷量自然大得多。更令人吃驚的是，萬壽堂早已在濟世堂的層層包圍中。

自濟世堂總店重新開張之後，生意十分興旺，顧客絡繹不絕，再加上分號的銷售，每年的利潤極其可觀，而相比之下，萬壽堂的生意則少了很多。

濟世堂在遭到突然的「襲擊」之下，沒有做魚死網破、兩敗俱傷的拚命掙扎的打算，而是暫忍一時之怨氣，尋找良機，終於東山再起，壓倒了萬壽堂，堅定了自己的志氣，為自己爭得了一口氣。

所以說，做人，眼界要開闊，要將目光放長遠。一時的失敗不算什麼，不要為過去的事情生氣、懊悔，重要的是找到原因並加以改正，為自己爭口氣，如此下去，總有成功的一天。

以前聽過這樣一個故事：有一個成功的企業家，年輕的時候家裡非常窮，總是穿媽媽做的布鞋出門。當走在學校或大街上的時候，總是覺得別人看不起他，說他老土。於是他存了很久的錢，買了雙皮鞋。他每天穿著皮鞋出門，他覺得這樣會使自己有面子，可是事實上他心裡一直覺得很不是滋味。經過幾年的打拼，他在金錢方面已不再窘迫，他覺得只要舒服，穿什麼樣的鞋都無所謂。他常常穿著布鞋，但是並沒有覺得低人一等，反而看到許多敬仰的目光。

其實，一個人穿什麼鞋、穿什麼衣服並不重要，關鍵是要活得有信心。自卑往往會使人喪失做人的志氣，喪失基本的自信。也正是因為自卑，沒有勇氣主宰和改變自己的命運，心態上就起伏不定，在行動上就猶豫不決，這樣的人只會一生都碌碌無為。

人要自信，要堅定做人的志氣，只有這樣，才能不斷向前。

八、把別人對你的誤解一揮而去

江文賓大學畢業後，在一家廣告公司任創意總監陳蘭的助理。這天，總經理辦公室送來一份文件給陳蘭，說是三天後要提出一個創意草案。當江文賓把文件送到陳蘭的辦公室時，她正在跟客戶打電話，看了看江文賓手裡的文件，陳蘭擺手示意他放在桌上。但忙碌的陳蘭接完電話後，一時忘了這件事，文件被埋在案頭。三天後，當總經理向陳蘭要這個方案的時候，她卻完全想不起這件事。她叫來江文賓，一頓呵斥，批評他辦事不力。江文賓當著總經理的面，一直拚命地解釋，並把當時的情況形容了一下，這讓陳蘭很下不了台，不久以後就藉故換掉了江文賓，江文賓感到非常委屈。

作為一個公司新人，最怕的可能就是被人誤解了。面對直屬上司的責難，生怕會在更高的上司面前失去信任。所以江文賓拚命辯解，結果卻把事情越弄越糟。

如果你被誤解，你會做些什麼？對這個問題，不同的人有不同的做法。有些人認為，被人誤解，沒必要爭辯，因為不是所有的人都得瞭解自己；有些人會非常憤怒，極力去跟人爭，跟人吵，結果也是可想而知的。要知道，不論是被別人誤解還是誤解別人，只要是一種負面意義的誤解——把美好誤為醜惡，把善意誤為惡意，把真誠誤為虛偽，把正確誤為錯誤，把鮮花誤為毒草……都可以成為人生中的一層陰影，一種難堪，一種痛苦。

人際間的摩擦、誤解乃至糾葛、恩怨總是在所難免，如果我們總是用仇恨的目光對待他人的誤解，生活就只會是如負重登山，舉步維艱了。要知道，紛繁複雜的人生總是涉及千頭萬緒，方方面面，隨便哪一方面、哪一時刻的有意無意之間，都可能造成人與人之間的誤會。而且，誤會比人際關係不良會更多一層痛苦，它是對原來美好關係的破壞。這種破壞並非主觀的、有意識的、故意的，而只是因為互相的隔閡、溝通不暢和感情的客觀障礙所致，是不難解決的問題。一句笑話，一個臉色，一篇文章，一封書信，一道傳聞，一件用具……其實都是一些日常生活中雞毛蒜皮的小事所引起的誤會。

有些誤解初時不深，若不及時消除，可能會隨著時間的增長而裂痕越大，誤會越加深。而事實上，誤解既已形成，不論是你遭到了誤解或你可能正在誤解別人，只要互相溝通，就能達到理解，使誤會消除。

通常，在日常交往中，那些性格內向的、個性特別的、自視清高的、狂妄傲慢的、說話常信口開河的、愛挑剔小節的人很容易在交際中與他人產生誤會。與上述這些人交往，不論是初次交往還是多次交往，都要注意自己的言行是否容易令對方產生歧意，是否可能遭到誤解，或者自己是否對對方存有偏見和誤會。

如果你已經自覺遭到了誤解，最簡便的辦法當然是直接與誤解你的人解釋交流，真誠相見。而不要擱在胸中，不要猶豫顧忌。你可以借一次家宴、一次公關活動或一次約會、一個電話互剖衷腸，把疙瘩解開，讓兩個人重歸舊好。

如果對方把你視同仇敵，對你誤解太深，已經對你形成偏見。那麼，你可以透過間接的方式，動用誤解者親近的並且信得過的人，讓他在你們中間作橋樑、作媒介，把誤解者的怨氣和意見，把你的誠意和本心都透過這位中間人予以傳達疏導。到了一定時機，你們就可以發展到直接解釋交流了。記住，天下沒有解不開的心結，沒有打不破的堅冰，沒有過不去的火焰山，無論有多大的誤會，最終總能化干戈為玉帛的。

一切前導和基礎就在於當你受到誤解的時候，能夠寬容大度，主動地想辦法去消除對方的誤會，這是君子的度量，同樣也會受到朋友的尊重；相反地，如果當你受到誤解的時候，如果對對方之誤厭惡憎恨，壓根兒不想去消除它，更不願主動去做疏通工作，以為那樣做會降低身分，丟了自己的面子，損傷了人格，那麼不但誤會不會被解決，反而會給別人留下話柄。

聖人云：「受國之垢，是謂社稷主。」意思是說，承擔全國的屈辱，才算得上國家的君主。對我們而言，如果在小小的人際關係圈內也受不得絲毫委屈，那就只好形單影隻了。要明白，每個人都有缺點，所以不要計較太多，不要讓誤會糾纏著你，要把別人對你的誤解一揮而去，做一個快樂的人。

九、以平常心對待不公平

在家人、朋友或同事中，我們常常能夠看到種種「不公平」的現象：一些知識和才能一般的人，往往能很輕易地得到理想的職位，拿著高薪資；而一些專業技能和整體能力都很強的人，卻在職場上處處碰壁。於是，我們常常能聽到這樣的抱怨聲：「公司太不公平了，為什麼不給我多發獎金？」、「這個社會太不公平了！高學歷又有什麼用？」、「這件事太不……」

的確，不公平的現象確實存在。可是抱怨、憤恨也無濟於事，生活還得繼續。

有人說，要想成功，就要給自己制訂一個明確的目標，並用熱切的渴望、積極的行動去實現它，而不是一味地去抱怨世界的不公。因為世事沒有百分之百的公平，一味地追求公平只會讓人心理失衡；一味地為了公平去爭鬥，只會讓我們失去更多，遠離自己的目標。

況且，有時候，我們所認為的不公平，只是因為我們所處的位置不同，看待問題的出發點不同。因此，就更要放寬心了。

一個農場的葡萄熟透了，如果當天不把葡萄全部摘完的話，葡萄就會爛掉，而農場主自己又不可能在一天內把葡萄全部摘完。於是他到市場上找了一群人，對他們說：「如果你們能在今天幫我把葡萄全部摘完的話，我就給你們每人一塊金幣。」這群人聽後非常高興，就到葡萄園裡摘葡萄。

中午的時候，農場主發現葡萄還剩了很多，看情況這些人不可能在天黑前把葡萄都摘完，於是他又到市場上找了一群人，對他們說：「如果你們能在今天幫我把葡萄全部摘完的話，我就給你們每人一塊金幣。」這群人聽後，也非常高興地到葡萄園裡摘葡萄。

可是到下午二點鐘左右的時候，這個農場主發現這批人雖然非常賣力地摘葡萄，但他們還是不可能在天黑前把葡萄全部摘完。於是他又到市場上找了一群人，對他們說：「如果你們能在今天幫我把葡萄全部摘完的話，我就給你們每人一塊金幣。」這群人聽後，也非常高興地到葡萄園裡摘葡萄。

當日落西山的時候，葡萄終於全部摘完了。農場主先把最後一批人叫過來，給了他們每人一塊金幣，這群人高興地走了。他又把第二次招來的人叫過來，每人給了他們一塊金幣，這群人並沒有表現得非常高興，但沒有說什麼，也走了。當他把第一次招來的人叫過來，給了他們每人一塊金幣的時候，這些人不高興了。他們說：「為什麼我們做的工作比後來的這些人多，但給的錢怎麼都是一個金幣呢？」

很多人都會有同感。事實上，所謂的「不公平」感，其實是來源於與自己的工作和報酬無關的其他人。是我們覺得人與人之間不公平。

人們因出身背景不同，生長環境不同，受教育程度不同，對公平的理解也會有所不同。其實，公平只是相對的，不是絕對的，認識到這一點，也就不會再心有不甘，而去千方百計地追求百分之百的公平了。只要以平常心對人對事，就會獲得自己內心的平靜和愉悅。

第三章

放下包袱，一身輕鬆

成功有時並不需要刻意而為，一個人執著於目標苦苦追求，反而會為其所累；只有懂得放下，放下渴望成功的那顆心，順其自然，才能得到最大的成功。

不要總是留戀過去，不管它是好是壞，都像流水一樣一去不復返了。如果你不能向前看，那將永遠停留在過去的是是非非。寶貴的時光就在今天，想要有所成就，就要緊緊把握今天。

做一個懂得「放下」的人，放下心中的怒，放下心中的恨，放下心中的不平衡，不要太斤斤計較，你的每一天都將更為美好。

一、放下貪婪，心中才能安靜

貪婪是一碗劇毒，誰喝了都會無藥可救，所以在生活中，適時地控制自己的貪念才能夠生活得幸福，而一個貪婪的人永遠不會知道「知足」是什麼。他們不停地追求，為的只是得到，而不是享受。由於他們忽略了享受生活，就算他們得到的再多，也不會明白快樂是什麼。如果欲望太多，就會一事無成，想得到的越多，往往就會失去更多，只有放下貪婪，心中才能安靜，身心也會釋然。

有個寓言故事值得我們深思：

有一個人窮困潦倒得連床也買不起，家徒四壁，只有一張長凳，他每天晚上就在長凳上睡覺。他向佛祖祈禱能給他一個發財的機會，佛祖看他可憐，就給了他一個裝錢的口袋，說：「這個袋子裡有一個金幣，當你把它拿出來以後，裡面又會有一個金幣，但是只有當你把這個錢袋歸還給我後才能使用這些錢。」

那個窮人就不斷地往外拿金幣，整整一個晚上沒有合眼。地上到處都是金幣，他這一輩子就是什麼也不做，這些錢也足夠他花了。每次當他決心歸還那個錢袋的時候，都捨不得。於是，他就不吃不喝地一直往外拿著金幣，直到屋子裡全堆滿了金幣。

但他還是對自己說：「我不能歸還錢袋，錢還在源源不斷地出，還應該多一些錢才好！」到最後，他虛弱得沒有了一絲力氣，終於死在了錢袋的旁邊。

不可否認，貪婪會讓人不知不覺犯傻，有時會做出很愚蠢的事情來。所以，任何時候都不要被貪婪誘惑。貪婪是一種頑疾，人們很容易成為它的俘虜，變得越來越貪婪。人的欲望是無止境的，一個貪婪的、永不知足的人等於在愚弄自己，到最後，往往什麼都得不到。

從前，有一對撿破爛的夫妻，每天一早出門，拉著一輛平板車到處撿廢銅爛鐵，直到太陽落山以後才回家。每天回到家，就在院子裡放一盆熱水，搬一個凳子，把雙腳泡在盆中，然後拉弦唱歌，到晚上天氣變得涼爽的時候，他們就回屋睡覺。日子過得很是舒心、自在。

一位很有錢的員外住在他們對面，他每天都得打算盤，算算哪家的租金該收了，哪家欠多少帳，總是為這些事操心。他看到對面的夫妻每天快樂地出門，晚上輕鬆自在地唱歌，非常羨慕，又覺得奇怪——他們沒什麼錢，有什麼可快樂的。於是就問他的夥計：「為什麼我這麼富有卻不快樂，而對面那對窮夫妻卻過得如此快樂呢？」夥計問：「您想要他們煩惱嗎？」員外回答：「我覺得他們不會煩惱。」夥計又說：「只要給我一貫錢，送到他家，我保證他們明天不會開心地唱歌。」員外說：「給他錢他會更開心，怎麼說不會再唱歌了呢？」夥計說：「到時您就看吧。」於是，員外就把錢交給夥計，夥計再把錢送到窮夫妻手裡。

有了錢以後，這對夫妻就開始煩惱，晚上竟然睡不著了：把錢放在家裡，門防不嚴；藏在牆壁裡，牆用手一扒就開；放在枕頭下又怕丟掉……二人一晚上都為這貫錢煩惱，一會兒躺下，一會兒又起來，整夜就這樣反覆折騰，沒法安心睡覺。妻子問道：「現在你已經有錢了，為什麼還煩惱呢？」

丈夫說：「這些錢，我們該如何處理呢？放在家裡怕丟了，我滿腦子都在想該怎麼用這些錢。」隔天早上他帶錢出門，轉了一天還是不知道要做什麼好，他又把錢帶回家，垂頭喪氣的很無奈。做小生意不甘心，做大生意錢又不夠。他對妻子說：

「這些錢說少也不少，說多又不夠做大生意，太傷腦筋了！」

晚上，員外在對面，果然沒聽到拉弦唱歌，於是就到他家去問怎麼回事。這對夫妻說：「我覺得還是把錢還給你好了。我寧願每天一大早出去撿破爛，也比有這些錢輕鬆愉快！」此時員外恍然大悟，原來，有錢不知道怎麼花，同樣也是負擔。

那麼，到底怎麼活才是快樂的呢？放下不必要的包袱，不為貪婪所誘惑，凡事量力而行。如果能這樣簡單地過，自然就能輕鬆愉快。

活著，最重要的是快樂，而快樂不是用金錢的多少來衡量的，哪怕你得到的再多，不能放下貪婪，不擁有一份安詳的心境，還是不會得到快樂。有了貪念，就會患得患失，把利益看得很重。而不被貪婪所誘惑的人是沒有負擔的，沒人與他結怨，他也沒有心機去和別人計較。與一切無爭，一切自當安靜，這種日子最輕鬆，這樣的人生最快樂。

二、放下憂慮，將會迎來快樂

憂慮是對自己沒有把握的事情感覺到擔心和焦慮的一種心理狀態。憂慮的人常會情緒低落，無精打采，疲倦無力。

但事實上，多數我們所憂慮的事情，是沒必要的，只會浪費我們的時間，傷害我們的感情，使我們無法享受快樂。等我們不再為此事憂慮以後，我們會發現，原來我們一直為這種小事擔心，是多麼不值得。

一位男士出國旅遊時，帶回來一個精美的水晶盤子。他十分喜愛這個盤子，為此，他還特意定做了一個結實的底座，然後和盤子一起放到陳設架上最安全、最顯眼的位置。

為了使水晶盤一直保持晶瑩剔透，他隔三差五地用板凳搭起梯子爬到架上去打掃。他一改往日玻璃瓶倒了都不扶的懶惰，小心翼翼地看護著這個「稀世珍寶」。他擔心小孩玩耍時撞到架子碰翻水晶盤，還擔心老婆在打掃時失手打碎水晶盤，因此，他經常呵斥孩子和老婆做事要小心。時間久了，老婆和孩子就變得膽小了，孩子不敢在家裡玩鬧和嬉戲，老婆打掃時也不敢捲起袖子盡情收拾。到後來，一家人說起話來客氣得就像陌生人。

一天，一個多年沒見面的老同學到他家裡作客，進屋沒多久就看見了這個漂亮的水晶盤。老同學眼睛一亮，覺得非常漂亮，要求他拿下來賞玩一番。他非常得意地站到椅子上取水晶盤，拿給這位老朋友。

「啪」的一聲，老婆在廚房聽見聲響，慌張地跑到客廳裡，在屋裡看動畫片的孩子也抬頭看著他們，一臉的恐慌。

朋友和他都呆在那裡。在他把盤子遞給老同學的那一剎那，水晶盤墜落在地上，綻放成一朵朵淒美的「碎花」，一粒粒水晶殘片散落在地板上。

他站在椅子上，看著摔碎的水晶盤子，一臉的茫然。他視如珍寶的水晶盤在剎那間就成了永遠的回憶，這讓他百感交集。

但這一聲響，好像心頭的一個牢固鎖頭突然被打開，他心裡先是一緊，隨之而來的卻是如釋重負的痛快。

他輕鬆地安慰著尷尬的老同學和緊張萬分的家人，臉上綻放出以前難得一見的笑容。於是，久違了的溫馨氣氛又重新回到了他的家裡。

要知道，憂慮只會打破我們生活的寧靜，給自己徒增煩惱，所以，與其整天憂心忡忡，不如放下憂慮，迎接快樂。在得失之間，可以淡泊一些，不必將自己的心囚禁起來。因為「人生如舟」，負載過多過重，不沉船也難免要擱淺。放下憂慮，是為了拿起快樂。當你為生活的種種煩惱感到困惑、受到壓力時，請深深吸一口清新的空氣，放下你心中的所思所想，丟掉負擔，這樣，你將會變得更輕鬆愉快。

漢里斯是一家大飯店的總裁，然而，他卻因為常常憂慮煩惱而得了胃病。有一天，他被送到醫院。在醫院裡，有三個醫生對他進行會診，其中一個是非常有名的胃病專家，他們一致認為漢里斯的病情已經很嚴重了。他在醫院裡只能吃蘇打粉，每小時吃一大匙半流質的東西，把胃裡面的東西洗出來。

這種情形一直持續了好幾個月，最後，漢里斯對自己說：「漢里斯，如果你除了等死之外沒什麼別的指望了，不如好好利用你剩下的這一點時間。反正最壞的結果也不過是死，而你現在沒死，就應該做點什麼。」

漢里斯一直想在死前環遊世界，於是他決定馬上行動。當他告訴醫生他的計畫時，他們都大吃一驚。醫生們警告他說，如果他開始環遊世界，就只有葬在海裡了。「不，我不會的。」漢里斯回答說，「我已經答應過我的親友，我要葬在我們老家的墓園裡，所以，我打算把我的棺材隨身帶著。」

漢里斯真的去買了一具棺材，把它運上船，然後和輪船公司安排好，萬一他死去的話，就把屍體放在冷凍艙裡，一直到回到老家的時候。然後，漢里斯踏上了旅程。

在旅途過程中，漢里斯拋開了一切憂慮，專心享受著最後的時光。漸漸地，他不再吃藥，也不再洗胃了。不久之後，他任何食物都能吃了，甚至包括許多奇奇怪怪的當地食品和調味料。幾個禮拜過去後，他甚至可以抽長長的黑雪茄，喝幾杯老酒。多年來，漢里斯從來沒有這樣享受過，甚至後來遇見颱風他也沒有為此憂慮過。

漢里斯在船上和不同的人玩遊戲、唱歌，晚上聊到半夜。當船航行到某地後，漢里斯發現回去之後要處理的事情和在這裡見到的貧窮與饑餓比起來，簡直像是天堂與地獄。因此，他停止了所有無聊的擔憂，覺得生活非常美好。

回國後，他幾乎完全忘記了自己曾患過胃病。他馬上回去工作，並且開始期待每一天的到來，此後他的身體狀況也一直很好。

漢里斯的經歷告訴我們，憂慮是一劑慢性的毒藥，醫治憂慮的最好醫生只能是自己。在日常生活中，我們沒必要為一些不切實際的事情而憂愁。因為這毫無意義，只會讓自己不開心，而不會改變什麼。

三、放下妒忌，使自己心情愉快

巴爾札克曾經說過：「妒忌者受到的痛苦比任何人遭受的痛苦更大，他自己的不幸和別人的幸福都使他痛苦萬分。妒忌心強的人，往往以恨人而開始，以害己而告終。」

在人類所有的感情中，妒忌可以說是最奇怪的一種。一方面，它異常普遍，幾乎每個人都有這種感情。另一方面，妒忌似乎很不光彩，每個人都把它當作一件不可告人的秘密藏在內心深處。它往往在不知不覺中潛入意識，猶如一團暗火炙烤著妒忌者的心。妒忌猶如一把「雙刃劍」，既傷害別人，也傷害自己。

韓非是戰國末期韓國的思想家，也是荀子最得意的學生。韓非和李斯同是荀子的學生，他博學多能，思維敏捷，李斯自以為不如。他寫起文章來氣勢逼人，堪稱當時的大家。凡是讀過他的文章的人，幾乎沒有不佩服他的才學的。

秦王讀了他的文章，大發感慨：「多出色的論述，如能與此人見面，死而無憾。」後來韓非到了秦國，秦王請他進宮，韓非為他出謀劃策：要想統一天下，就要打破目前六國合縱的盟約。秦王聽了他的一番建議，很是高興。當時李斯已經深得秦王信任，位居高官。他看到秦王如此喜歡韓非，擔心韓非將來會取代他的位置，於是就對秦王說：「韓非是韓國的公子，秦王想吞併各個諸侯國，真要是發生征戰，韓非一定會為自己的祖國著想，而不會為秦國考慮，這是人之常情。現在他居住在我國境內，一旦他回到韓國，必將對我國不利。所以，最好是把他關入大牢施以酷刑，處死他。」秦王聽了覺得有道理，就把韓非關入大牢。

韓非雖然很想為自己辯解，但卻沒法見到秦王，也無法傳達自己的意思。李斯派人送來毒藥，還有一封信：「秦國重臣對客卿甚為不滿，決定將他們全部放逐，當然也不會就這麼讓他們回去，自己服毒自殺吧！」韓非此刻明白了：李斯這是妒忌自己，解釋也沒有用。於是服了毒藥。這時秦王想起他的博學多才，認為他是不可多得的人才，後悔把韓非關入大牢，於是急忙下令赦免，可是韓非已經自殺身亡。

妒忌，是一些人心態不平衡的表現。因為妒忌，龐涓使計挖掉了孫臏的膝蓋骨；因為妒忌，蘇軾連遭小人的陷害，最終被流放到海南島……歷史上，關於妒忌的故事實在太多。太多的由妒忌引起的悲劇，促使我們反覆思考關於妒忌的問題。

芸芸眾生，各人的機遇與境遇不同，每個人的實際情況也會有所不同，有的飛黃騰達，有的窮困潦倒。對於他人的成就，可以羨慕，但不要妒忌。心懷妒忌之心的人不能容忍別人的快樂與成就，他們用各種手段去破壞別人擁有的美好，挖空心思去中傷他人，不惜採取卑劣手段。妒忌的人又很可憐，他們自卑、陰暗，享受不到生活的美好。

妒忌不知道害了多少人，毀了多少人，可是，它還是在某些人身上存在著，成為人性中最不該擁有的一部分。可悲的是人類明知道它是一個惡魔，卻總是不肯放開它。而事實上，妒忌他人不僅不會讓自己獲得好處，對個人的發展也沒有益處。相反地，如果不去妒忌，那麼於人於己都有利，同時也會促進個人的進步與發展。

十九世紀初，蕭邦從波蘭流亡到巴黎。當時，匈牙利鋼琴家李斯特已蜚聲樂壇，而蕭邦還是一個默默無聞的小人物，可是李斯特對蕭邦的才華卻深為讚賞。

怎樣才能使蕭邦在觀眾面前贏得聲譽呢？李斯特想了個妙法：那時候在鋼琴演奏時，往往要把劇場的燈熄滅，讓全場一片黑暗，以便使觀眾能夠聚精會神地聽演奏。李斯特坐在鋼琴面前，當燈一滅，他就悄悄地讓蕭邦過來代替自己演奏。觀眾被美妙的鋼琴演奏征服了。演奏完畢，燈亮了，人們既為出現了這位鋼琴演奏的新星而高興，又對李斯特推薦新秀的行為深表欽佩。

在近代也有一則這樣的真實故事：

一九三〇年，時任清華大學數學系主任的熊慶來在雜誌上看到了一篇名為〈蘇家駒之代數的五次方程式解法不能成立之理由〉的論文，論文的署名作者為華羅庚。熊慶來很重視這篇論文，幾番打聽作者的情況，得知了作者坎坷的身世後，更加敬佩作者在逆境中的奮進精神。不久，在熊慶來教授的邀請下，十九歲的華羅庚邁進了清華校園。

從美國回來的華羅庚擔任中國科學院數學研究所所長。一天，他收到了一封署名為陳景潤的青年寄來的信，信中對華羅庚《堆壘素數論》一書中關於他利問題的幾處地方提出了一些改進意見。要知道，《堆壘素數論》一書出版後，國內外數學界讚賞備至，沒想到一個無名小輩竟認為還有地方值得商榷。讓別人皺眉的事，華羅庚卻如獲至寶。他隨即向全國數學界推薦了陳景潤，後來還把他調來北京做自己的研究生，並親自指導他繼續深入鑽研數論。

故事的脈絡很清晰：有了熊慶來，便有了後來的華羅庚；有了華羅庚，便有了後來的陳景潤。很多人聽到這兩個故事後，都說熊慶來、華羅庚是有學識、有眼光的人。但需要補充的是，熊慶來、華羅庚不但有學識有眼光，還有博大的胸襟。或者可以這樣說，胸襟才是真正促使華羅庚、陳景潤成才的關鍵。

人生在世，要保持一顆平靜和睦的心，一定不要心懷妒忌。別人所有的，我們不要心存妒忌，應該平靜地看待別人所取得的成功。放下心中的妒忌，自己就會愉快。

妒忌就像一道枷鎖，會將一個人牢牢拴住，讓人不但得不到什麼好處，反而會跌進痛苦的深淵。妒忌對生活、人生、事業都會產生消極的影響，所以，聰明的人要看到自己的長處，懂得揚長避短，尋找和開拓有利於充分發揮自身優勢的新領域，這樣就能在一定程度上補償以前沒能滿足的欲望，減少以及消除對別人的妒忌心理。

放下妒忌，使自己心情愉悅，用平和的心來面對生活，就可以在有限的生命裡讓自己活得更舒心、更愉快。

四、放下自卑，讓自信照亮人生

自卑是一種消極的自我評價或自我意識。一個自卑的人常常會低估自己的形象、能力和品格，總是拿別人的優點來和自己的缺點對比，認為自己事事不如人，從而喪失自信，悲觀失望，不思進取，甚至沉淪。其實，不論一個人有多麼優秀，或多或少都有自卑心理。要知道，人無完人，每個人身上都有缺點或是不足，只要覺得自己有不完美的地方，就會產生自卑的感覺。但是，一定要將自卑控制在一定範圍之內，如果讓它成為生命的主宰，那就只會變成它的奴隸。所以，我們要放下自卑，相信自己，充分認識自己的長處，找到自信，讓自信照亮人生。

農夫家養了一隻小黑羊和三隻小白羊。三隻小白羊非常驕傲，因為它們有雪白的皮毛，因此它們對那隻小黑羊不屑一顧：「你看看你自己，像什麼啊，黑不溜秋的，跟鍋底一樣。」

「依我看呀，它身上的毛就像炭灰。」

「我覺得更像蓋了多年的舊被褥，髒兮兮的。」

不但三隻小白羊不喜歡它，就連農夫也看不起小黑羊，總是把最差的草料給它吃，看它不順眼了就朝它抽上幾鞭。小黑羊總覺得自己是寄人籬下的可憐蟲，它很自卑，覺得自己不夠漂亮，還髒兮兮的，連自己都認為比不上那三隻小白羊，常常傷心地獨自流淚。

這一天，天氣很不錯，小白羊和小黑羊就一起到外面去吃草，不知不覺，它們已經走得很遠了。不料寒流突然襲來，下起了鵝毛大雪，又刮著風，它們都覺得很冷，就躲在灌木叢中相互依偎著……沒多久，灌木叢和周圍積滿了厚厚的雪。這時它們才打算回家，可是雪太厚了，根本沒法行走，幾隻羊只好擠在一起，等著農夫來救它們。

農夫看到天氣突變，便立刻上山尋找，但雪下得很大，四處都是白茫茫的。農夫正在著急地四處張望，這時突然發現遠處有一個小黑點，便趕緊跑過去。到那裡一看，果然是他那瀕臨死亡的四隻羔羊。

農夫抱起小黑羊，感慨地說：「多虧了小黑羊，不然，羊兒可能要凍死在雪地裡了！」

這個故事告訴我們，不要總是盯著自己的缺點，任何事物都有自己的可取之處。況且，凡事都不是絕對的。魚兒雖然沒有翅膀，卻在水裡自由自在；雄鷹雖然沒有強健的四肢，卻可以在天空任意翱翔。我們的缺點，有時反會激發出另一方面的優勢。只要自己調整好心態，就可以坦然地面對一切。

不管做什麼事，首先要對自己充滿信心，相信自己一定能行。一個有自信的人喜歡不斷嘗試，為了自己的夢想，他們會嘗試許多次，就算遭遇失敗也不後悔；一個充滿自信的人能夠從失敗中吸取教訓，讓自己做得更好；一個自信的人在任何時候都能坦然地接受失敗，他們懂得：只有經受失敗的錘煉，才能收穫真正的成功。

被人們稱為「全球第一 CEO」的美國通用電氣公司前首席執行官傑克·韋爾奇曾有句名言：「所有的管理都是圍繞『自信』展開的。」憑著這種自信，在擔任通用電氣公司首席執行官的二十年中，韋爾奇顯示了非凡的領導才能。韋爾奇的自信，與他所受的家庭教育是分不開的。韋爾奇的母親對兒子的關心主要體現在培養他的自信心。因為她懂得，有自信，然後才能有一切。

韋爾奇從小就患有口吃症。說話口齒不清，因此經常鬧笑話。韋爾奇的母親想方設法將兒子這個缺陷轉變為一種激勵。她常對韋爾奇說：「這是因為你太聰明，沒有任何一個人的舌頭可以跟得上你這樣聰明的腦袋。」於是從小到大，韋爾奇從未對自己的口吃有過絲毫的憂慮。因為他從心底相信母親的話：他的大腦比別人的舌頭轉得快。

在母親的鼓勵下，口吃的毛病並沒有阻礙韋爾奇在學業與事業上的發展。而且，注意到他這個弱點的人大都對他產生了某種敬意，因為他竟能克服這個缺陷，在商界出類拔萃。美國全國廣播公司新聞部總裁邁克爾就對韋爾奇十分敬佩，他甚至開玩笑說：「傑克真有力量，真有效率，我恨不得自己也口吃。」

韋爾奇的個子不高，卻從小酷愛體育運動。讀小學的時候，他想報名參加校籃球隊，當他把這一想法告訴母親時，母親便鼓勵他說：「你想做什麼就儘管去做好了，你一定會成功的！」於是，韋爾奇參加了籃球隊。當時，他的個頭幾乎只有其他隊員的四分之三。然而，由於充滿自信，韋爾奇對此始終都沒有絲毫的覺察，以至幾十年後，當他翻看自己青少年時代在籃球隊與其他隊友的合影時，才驚奇地發現自己幾乎一直是整個球隊中最為弱小的一個。

在培養兒子自信心的同時，母親還告訴韋爾奇，人生是一次沒有終點的奮鬥歷程，你要充滿自信，但無須對成敗過於在意。

有些人表面上看自尊心很強，對於來自各方面的「輕視」非常敏感，實際上是缺乏自信心。同樣一件微不足道的小事，在真正有自尊心的人看來沒什麼大不了，卻會強烈刺激自卑者的感情。愛默生說過：「有史以來，沒有任何一件偉大的事業不是因為自信而成功的。」一個人擁有了自信，就等於為成功做好了準備，而自卑會對我們自身的發展造成很大的障礙。因為凡是自卑的人，意志一般都比較薄弱，遇到困難時容易退縮，處事小心翼翼，缺少面對困難的勇氣。他們還會懷疑自己的價值，缺乏安全感。

自卑還會給人際交往帶來一定的負面影響。因為自卑的人容易情緒低沉，常會因怕對方瞧不起自己而不願與人來往，而人際交往中的困惑又容易讓他走進死胡同。要記住，自卑是成功的大敵，應該盡自己最大的努力克服，否則，就會給自身的發展帶來負面影響。因此，我們要放下自卑，讓自信照亮人生。

五、放下自私，讓別人走進自己的天地

自私的人滿腦子都裝著自己，他們不會愛別人，更不懂得為別人付出。他們總認為自己是這個世界的中心，外在的一切都是他自己的一部分，他們不願奉獻，因為這無異於從他們身上割肉。他們不允許別人損害自己的絲毫利益，因此別人也沒法走進他們的天地。

從前，有兩位很要好的朋友共同去旅行。

他們一直走啊走，走了半個月之後，遇見一位白髮年長的聖者。聖者對他們說：「我要送給你們每人一個禮物。就是你們兩個之中一個人先許願，他的願望馬上就會實現；第二個人，就可以得到他的願望的兩倍！」

這可讓他們兩個人為難了，其中一個人心裡想：「這太棒了，我已經知道我想許什麼願，但我不能先講，因為如果我先許願，我就吃虧了，他就可以有雙倍的禮物。不行！」而另外一人也琢磨著：「我不能先講，這樣他就獲得加倍的禮物了。」

這樣，兩個人就開始客氣起來，「你先許吧！」「你比我大，還是你先許吧！」「不，還是應該你先許願！」兩人就這樣推來推去，虛偽地客氣一番後，他們就有些不耐煩了，氣氛馬上就變了：「你推什麼啊！你先許吧！」「憑什麼我先許願？你為什麼不許願！」

到最後，其中一人生氣了，大聲說道：「喂，你真是個不識相、不知好歹的人，你再不許願的話，我就把你的狗腿打斷，再把你掐死！」

另外一人一聽，也急了，他竟然恐嚇自己。心裡就想，你這麼無情無義，我也不必對你太有情有義！我得不到的東西，你也別想得到！於是，他狠狠地說道：「好，我先許願！我希望——我的一隻眼睛——瞎掉！」

馬上，這個人的一隻眼睛瞎掉了，而與他同行的好朋友，兩隻眼睛也立刻瞎掉了。

這原本是一件十分美好的禮物，可以讓他們共用，但是人的自私，左右了心中的情緒，所以才讓「祝福」變成「詛咒」。

給予是快樂的源泉，為別人帶來快樂的同時，我們自己也會處於快樂的包圍之中。

快樂是可以分享的，你給別人帶來快樂，你分享給別人的東西越多，你獲得的東西就越多。你把幸福分給別人，你的幸福就會更多。而這些往往會被自私奪走。所以說，放下自私，讓別人走進自己的天地，才會獲得真正的快樂。

有這樣一個故事：幾十年前，一個美國青年出國訪問，聽到了這樣一樁往事。一個冬天，一群工人聚集在一起，坐火車去另一個城市。火車必須經過漫長的一夜才能到達目的地，冬季的深夜又是那樣的寒冷。他們都沒有帶防寒的物品。當時，物資都是統一發放的，每六個人中只有一人能得到一條毯子禦寒。但沒有人爭吵，沒有人搶奪，因為，幸運分到毯子的那個人總會平靜地將毯子鋪開，和周圍其他五人分享，分享這難得的溫暖。

故事給了年輕人很大的震撼和啟發。

後來，他將這種理念引進到自己的企業。他不僅為公司的臨時職工提供福利，還創立了美國企業歷史上第一個「期股」形式，也就是讓公司的所有員工都獲得公司的股權。此舉開始時受到公司高層很多人反對，而且推行之初，公司經營呈現虧損，但是，他堅持和員工分享公司利益的政策，他相信透過利益共用，與員工形成互相信任的夥伴關係，並將這種信任和真誠傳遞給顧客，股東的長期利益才會增加，這麼做的效果比單純廣告宣傳的作用要大得多。

事實證明他是正確的。公司的業績不但很快轉虧為盈，更被認為是全球受尊敬的公司，股票市值在十多年間上升了一百倍，市值達到三百多億美元。

這位年輕人名叫霍華德·舒爾茲，他領導的公司就是當今全球炙手可熱的咖啡連鎖店——星巴克。

綜上所述，我們知道，一個人是沒有辦法得到快樂的，只有放下自私，讓別人走進自己的天地，才會得到快樂。自私會使我們心胸狹隘，會讓我們孤立起來，讓我們永遠也感受不到分享的快樂。所以，讓我們去除心靈的籬笆，走進彼此分享的世界，彼此舞蹈，彼此快樂吧。

六、放下焦慮，讓心靈呼吸清新空氣

可以說，焦慮情緒普遍存在於每個人的工作和生活中。它表現為由於對某件事情擔憂、牽掛等而產生心情煩躁不安，所擔憂的事經常也不是客觀存在的危險，而是未知的事或是某種目的。焦慮的人常常處於惴惴不安之中，毫無憑據地預感將來會發生什麼不幸的事情。往往會使自己魂不守舍，煩躁慌張，情緒低落。

多年前，王先生靠著向親戚朋友借來的錢創辦了一家電腦軟體公司。由於充分地瞭解了市場，再加上自己的聰明才智，所以他的公司發展得很快。一年以後，公司就取得了不俗的業績，規模也隨之擴大。一直以來，公司發展的宗旨都是穩中求勝，在同行內也有了一定的知名度，王先生自己對公司的未來充滿了信心。

由於公司處於高科技領域，隨著資訊技術發展迅速、競爭形勢的不斷上升，王先生感覺自己的壓力越來越大。在一次大型招標會上，他原本以為憑著公司的實力，應該是志在必得，沒想到競爭中冒出了一個更強勁的競爭對手將項目奪走了，這對王先生的自信心是很大的打擊。面對競爭，一種強烈的危機感在他心中滋生，一向做事有條不紊、鎮靜自如的他開始被一種揮之不去的焦慮感所困擾。

他在這種焦躁感的逼迫下，開始對公司的員工施加壓力，要求他們經常加班，恨不得公司上下都只是工作而不需要休息；總是大會、小會不斷地討論公司的各種發展計畫，對公司的策略發展方案也是不斷進行改動，希望能夠在短期內做出成效；對所有員工苛刻地要求，不允許任何人犯錯——王先生用百分百的要求打造出百分百的公司競爭力，讓公司在競爭中立於不敗之地。

令他不解的是，這所有的努力並沒有得到他想要的結果。在他吹毛求疵的苛刻要求下，整個公司的創新力受到了致命的打擊，大家不求有功只求無過。另外，他的焦躁情緒為整個公司蒙上了緊張的氣氛：工作的時候，員工們如驚弓之鳥，生怕由於小小的失誤而受到斥責。在彙報工作時，各個高層主管盡量都用美化的詞語去報告工作，而不敢提出工作過程中真實存在的缺陷與危機。更讓他想不到的是，公司有幾名核心骨幹由於受不了他的「高壓」政策而辭職，整個公司的發展受到了嚴重影響。

王先生的這種焦慮，在現代社會中相當普遍。如今，生活節奏越來越快，更多的人感到焦慮不安。人們似乎是比以前更富裕了，但現在的生活似乎更壓抑、緊張了。物質的進步是有代價的，那就是精神上的焦慮不安。

我們被焦慮困擾，是因為我們自己不放開它，總是讓自己為生活、為工作而焦慮，最終陷入其中不能自拔。其實，我們應該知道自己在做什麼，應該怎樣去處理當下的問題，將注意力集中在當前的事情上，順其自然，過些日子，就會發現，焦慮已經被時間帶走了。

容易產生焦慮和苦惱的人，總是遭遇否定，使自己變得很自卑、很無奈。他們總希望有一種積極、快樂的心態來面對工作和生活，希望能獲得快樂。那麼，怎樣才能真正地放下焦慮呢？

(1) 面對現實

在現實生活中，每個人都有自己的理想和抱負，對未來都充滿了憧憬。但是，這種願望應該建立在實際的、力所能及的基礎上。在挫折和失敗面前，調整自己的生活目標，客觀地評價事物、評價自己，在積極向上、努力進取的同時，擁有一顆坦然面對成功與失敗的平常心，這樣才能使自己心情舒暢。

(2) 宣洩法

這是一種將內心的壓力發洩出去，可使身心免受打擊和破壞的方法。透過宣洩內心的鬱悶、憤怒和悲痛，可以減輕或消除心理壓力，避免引起精神崩潰，恢復心理平衡，對不良情緒的疏導與宣洩來說是一種好辦法。

不過這種宣洩應該是建立在合理的基礎上。打鬧、吼叫、遷怒於人、找替罪羊（丈夫、妻子、孩子、同事）、發牢騷或說壞話等都是不可取的。宣洩應是文明、高雅、富有人情味的交流。

(3) 注意力轉移

當與人發生爭吵時，可以馬上離開這個環境，去打球或看電視；當悲傷、憂愁的情緒發生時，可以先避開某種情境，不去想或遺忘掉；在餘怒未消時，可以透過運動、娛樂、散步等活動，使緊張的情緒鬆弛下來。此外，有意識地轉移話題或做點別的事情來分散注意力，可使情緒得到緩解。

漫漫人生路，有很多事情會一直壓著我們，讓我們喘不過氣，抬不起頭，但我們一定要學會擺脫壓力，放逐焦慮，平心靜氣地去處理一切。柳暗花明之後，你也許會感歎生活原來如此簡單。

七、放下顧慮，保持前進的步伐

面對事情時，很多人都會顧慮重重，擔心自己做不到或者做不好。其實，可以這樣想：我們無法辦到的事情，有時別人也不一定能辦得到。有時看起來很難的事情，我們可能比別人做得還要好。這樣一想，內心就會寬慰很多。事實上，凡事都可以想辦法解決。在困難面前，不要顧慮太多，先拋開困擾自己的雜念，直接去行動，就會發現，也許事情並沒我們想像的那麼難。

曾經有多少機會就在我們眼前，因為顧慮重重，猶豫了一秒鐘，它便成了泡沫；曾經有多少瞬間可以讓自己擁有美好，因為顧慮，不敢向前邁一步，它便成了生命中一道無法抹平的悔恨；曾經有多少……所以說，有時我們根本不需要擔心太多，考慮太多。放下顧慮，就能保持前進的步伐。

有一天，摩拉獨自在一條小道上走著。小道遠離鬧市，非常偏僻。走著走著，太陽就下山了，黑夜來臨。他忽然感到害怕，因為他看到不遠處有一群人。他想：

「這些人肯定不是好人，一定是暴徒、盜賊，周圍沒有其他人，只有我一個人。怎麼辦呢？」正在這時，他發現了一道牆，於是他翻過這道牆，發現自己來到了一個墓地。那兒有一個新掘的墳墓，他就急忙爬了進去，讓自己稍稍冷靜一下。

他閉上眼睛，心想等那批人走了以後，他就可以繼續走了，但那批人也看到了他。看到摩拉突然越過牆頭，他們不禁也害怕了：「這是怎麼回事？有人躲在那裡，莫非是在做什麼見不得人的事嗎？」於是，他們全都越過牆頭，想看個究竟。

此時的摩拉更加肯定了：「我沒想錯，我的判斷是對的，他們確實是危險人物。現在沒有別的辦法了，我只好裝死。」於是他就裝死。他屏住呼吸，因為沒人會搶劫或去殺一個死人。那群人翻了過來，四處查看，後來發現了摩拉藏身的地方，他們圍在墳墓四周，看著他，心想：這人在做什麼？他們就問：「你在做什麼？你為什麼待在這裡？」

摩拉小心地睜開眼睛，看看他們，最後他肯定這些人對他沒什麼危險，就笑著說：「看，這確實是個問題，一個很有哲學意義的問題。你們問我為什麼在這裡，我還想問你們為什麼在這裡呢！我在這裡是因為躲你們，你們在這裡又是因為追我！」

你害怕別人，別人也害怕你，你擔心的事情，別人也在擔心。放下這種顧慮和胡思亂想，不要在意別人，不要想的太多，你的生活就會輕鬆得多。不要顧慮太多，如果你無牽無掛地生活，你的存在就能給別人帶來快樂，別人就會喜歡你的存在。

一個行走的路人，某天驀然回首：呀！原來自己已走出好遠了。這是告訴我們，只要踏上路，就不要擔心路的遙遠了。事實上，很多事情都無須顧慮太多，放不下顧慮，就會失去觀賞美景的機會，錯過一份美好的回憶。

有一位年輕人，他大學畢業以後，和幾位朋友創辦了一家小型電子商品銷售公司。可是因為沒有經驗，對市場缺乏瞭解，一年之後，他們的公司只好被迫宣佈破產。因此，年輕人不得不背負大筆的債務。

為了還債和生活，他只好暫時進入一家船舶公司，做一名普通的線路檢修員。可是禍不單行，工作了沒多長時間，他的右腳就被船甲板上的鉚釘扎傷了。

他帶著傷病又離開那家公司，在家裡休息療傷。他覺得自己事事不順，情緒消沉極了。朋友們去探望他，總會見到他床頭的菸灰缸裡塞滿了菸蒂。他之前不是這樣的。

別人都鼓勵他應該振作起來。然而，他總是苦澀地一笑，並心灰意冷地說：「如果當初我沒那麼莽撞，就不會陷入這種窘迫的局面。如果我當初沒選擇到那家船舶公司打工，自己的腳也就不會被扎傷了。」朋友們又勸他再找找其他工作試試，他又擔心自己做不好，對什麼都是顧慮重重。

後來，一位殘疾的老畫家舉辦了一個畫展。朋友們叫他一同前去，順便散散心。當時，他的腳傷還沒全好。

在展廳裡，他們都被那些氣勢磅礴的山水畫作深深打動了。參觀完畫展之後，他們有幸見到了那位殘疾老畫家。他是一位年逾七旬，雙腿截肢，坐在輪椅上的老人。

他們跟老畫家開心地聊了起來。老畫家的性情很直爽，也很健談。當他聽了那個年輕人的「不幸」遭遇之後，竟爽朗地笑起來。

後來，老畫家認真地說：「剛才，從你的談話裡，知道你遇到很多挫折，受過不少打擊，因此你現在小心翼翼，對什麼都是顧慮重重，不敢去做。可如果你老是怕這怕那，還怎麼能夠往前走啊？」

老畫家繼續笑著說：「依照你的口吻，如果當初我遭遇車禍，就消極，看不到希望，就不敢往前走，那我就沒有現在的成就了。」一番話說得年輕人不禁感到有些不好意思。

那位老畫家意味深長地說：「其實在十多年前，我剛遭遇車禍時，也曾有過這種絕望的念頭，當時不知道自己還能做什麼，覺得做什麼都很難，也有很多顧慮。但是後來，我意識到這種念頭只能使自己陷入更加悲觀的窘地。於是，我便選擇了學畫。面對生活中遭遇的不幸，我們應該以果斷的勇氣對待，拋開顧慮。只要你努力地去付出，就一定會有所收穫！」

他們都被老畫家的話打動了。是啊，在生活中，每一個人都應該有一種果斷的勇氣。不久，年輕人進入一家與他的專長相關的電子公司做銷售。他兢兢業業地工作，後來被提升為業務經理，每年的薪水高達上百萬。

把時間、心智和精力浪費在顧慮上，這是人們在生活中經常犯的一個錯誤。許多患得患失的想法，會讓我們浪費掉很多機會，錯失掉很多時間，而當我們發現時，機會已經失去，年華已經老去，我們也變得碌碌無為，最終一事無成。所以，拋棄那些沒有必要的擔心吧，只要是經過合理的考慮後認定了的事情，就放手去做，去實施，下定決心，拋開私心雜念，成功一定就在不遠的地方等著你。

八、放下急躁，品味生活的細節

急躁不僅會使人思想上失去冷靜，心理上失去平衡，更會使人在遇到事情時不用心思考。看到什麼，聽到什麼，就認為是什麼，從而失去正確的判斷。但在現實生活中，我們總是太過於急躁，太急於求成，太見花求果。其實，一個人真正的成熟是要懂得放下急躁。

能夠放下急躁的人具有深沉的耐力，行事不會倉促，不會為情緒左右。放下急躁，我們才可以學會淡泊，才能夠品味生活的細節。淡泊不是什麼都無所謂，它是空中的一輪明月，在寂寞的深夜，我們依然會感受到它靈動的光輝。淡泊更非冷漠，它是山間飄過的清風，無論世事如何滄桑，它依然會為我們展現其優美。

有一個人去偏遠的陌生村莊買了滿滿一車西瓜，用小貨車載著去城裡賣，希望能賺上一筆。

山路彎彎曲曲、坑坑窪窪的，他對這一帶不熟悉，又急著趕路，所以想找一條好走的路，於是他便向路邊的一位農夫打聽，走多久才能走出這條曲折的山路。

「別著急，慢慢走，再過十分鐘就能到大路了。」老農答道，後來他又提醒：「但如果快速趕路，將會耗費你很多時間，甚至白趕路了。」

「這是什麼歪理論啊？簡直是胡說八道！」這個人沒有理會老農的話。問完路，他逃命般地加速前進。不料還沒走多遠，車輪就被石頭撞上，滿載西瓜的車猛烈地搖晃起來，西瓜滾到地上不少。由於車速的衝擊力太大，輪胎也被鋒利的石頭尖劃破。

這個人心想，真是倒楣，西瓜賠本先不說，還要修補撞壞的輪胎。折騰了大半天，總算修好了。他把沒有摔壞的西瓜裝上車，可以開動了，此時他卻累得無法動彈了。他疲憊地爬回駕駛席上，想快點趕路都不能了。

此時，他想起農夫的話，才恍然大悟。於是，在剩下的一段路上，他小心翼翼地開車慢行，不一會兒就到了大路，只不過那個時候，天已經黑了。

這個人如果不是因為太急躁，就不會把車撞壞，也不會受半天累，還錯過了賣瓜的時間。可見，有時急躁不但不能很好地解決問題，還會使問題越來越糟。

所以，我們要認識到急躁的危害並加以克服。在現實中，急躁的人容易帶來一些不良的後果：一是浮光掠影，挂一漏萬。如看書時，有的人一目十行，但事後一回憶，卻不知道看了些什麼；二是騎虎難下，陷入尷尬的境地。一些人說起風就是雨，一旦聽到個新想法，就忽略主客觀條件，魯莽行事，也不做冷靜、全面的利弊分析。結果多是半途而廢，甚至讓自己下不了台；三是常感情用事，出言不遜，不顧他人的自尊心，而使人際關係難以和諧；四是給自己造成不愉快、煩躁的心理，影響身心健康。

世界是複雜的，不可能都按個人的意願發展，任何一件事都可能受到多方面因素的制約，光靠「急」是解決不了問題的，反而會事與願違。因此，要冷靜地思考，慎重地決定，分析各種可能遇見的情況，耐心地處理。如果條件暫時不成熟，一是盡可能創造條件；二是要耐心等待。

在生活中，也要放下急躁的心情，保持一顆平靜的心，才會少走彎路。

一天傍晚，一位年輕小姐帶了很多東西坐公共汽車回家。好在坐車的人不多，她就把東西放在旁邊的座位上。等她到站的時候，正趕上下班的高峰期，車站的人潮一起向車門湧來。她一看這陣勢，就著急地拿著大包、小包急匆匆地下車。汽車的喇叭聲，車站嘈雜的人聲，像一鍋煮沸的粥。她只想早點下車，離開這些嘈雜，早點回家休息。剛下汽車的一瞬間，隱約聽到車上一個老人好像是叫她：「小姐，等一下！」她一想車上沒有人認識她，大概是叫別人的。於是，頭也沒回就匆匆走了。

到家清點物品的時候才發現，自己的手提包丟了。一定是丟在車上了，裡面有錢包、手機，更糟糕的是她的戶口名簿也在裡頭。當時要買房子，戶口名簿剛從家裡寄過來，還沒來得及放下就丟了。

她一下子不知所措了，花了好長時間看好的房子，這下購房合約也簽不了了，還要花時間回家處理戶口名簿的事情——補辦可是非常麻煩的啊！

她就責怪自己，怎麼這麼不小心，為什麼要急著下車。突然，她想起下車的時候，聽到一個老人叫小姐。

一定是老人發現自己的手提包落下了。可是，自己沒有回頭就匆忙地下車了，她問自己究竟在著急什麼呢？

後來她鬱悶地度過了一天。

隔天上班的時候，她接到了一個讓人驚喜得近乎暈厥的電話——是那個老人打過來的，說手提包在她那裡，讓她過去取。

「當時，我在車上叫了你很多次，你很著急，就是沒回頭！」老人在電話那頭有點責怪的意思說。

其實，這位小姐只要放下急躁的情緒，回頭看一下，就可以給自己減少很多煩惱，可是她並沒有這樣做。所以說，很多時候，不是生活讓我們急躁，而是因為我們自己。

急躁者做事很容易虎頭蛇尾。做事的時侯，不但要有良好的開頭，還要有滿意的結尾，因此，保持善始善終可以克服急躁。急躁的時候，還要懂得正確地暗示自己。心情急躁時，如果對自己進行消極暗示，只會雪上加霜，更加急躁。所以，應該對自己採取積極的暗示，對自己說這是正常現象，同時多回想一些以前經歷過的美好情景和值得回憶的事情，就能緩解急躁的情緒。

如果你因為某件事或某個人而感覺心情煩躁，就不要強迫自己再去想了。這時不妨看看電視、聽聽音樂或者讀讀好書。這不是浪費時間，實際上是「磨刀不誤砍柴工」，這樣，你急躁的情緒會很快得到緩解和放鬆，就可以更好地做自己該做和想做的事。

九、放下過去，別沉溺於昨天的困苦

如果你不小心丟掉一百塊錢，只知道它好像丟在某個你走過的地方，你會花計程車費去把那一百塊找回來嗎？我們說，當然不會。可是，相似的事情卻在生活中不斷發生。做錯了一件事，明知自己有問題，卻怎麼也不肯認錯，反而去花加倍的時間來找藉口，實在是不明智。

所以說，面對過去，不要沉溺於其中，而要學會放下。我們可以把那些經歷的苦難放在心底或者在腦海中尋找一個合適的空間封存起來，就像電腦中儲存起來的檔案，當我們需要使用的時候，再把它打開，不必要每時每刻讓它運轉。

我們不能讓自己的情感、思維一直停留在過去，不能只為過去活著，不能總是背著過去的包袱。我們的記憶也應該像一個篩子，經常把經歷的苦難篩掉，留下那些美好的回憶，快樂地享受現在的日子。

有人說，過去永遠不可能忘掉，這就和一個人的影子一樣。但也有人說，當你站在陰暗的路燈下，自己的影子會嚇著自己；當你站在陽光下，自己的影子會是那麼的渺小；當你跳出影子的世界，昂首眺望遠方，怎麼還會看到自己的影子？

學會忘記，才能有信心面對現在的生活。一切經歷和苦難，只是人生的過程，一定不是結果。當我們放下經歷的精神枷鎖，苦難就會淡淡地遠去。

可是，過去並非說放下就能放下。當一件不好的事情發生時，我們總習慣歎息「假如當初……」其實，「假如當初」這種想法一開始就是個錯誤，因為，凡事沒有絕對的對或錯。假如我們選擇了一條路，就無法確定如果選另一條路的結果會如何。假如當初我們做的是另外一個決定，那樣或許就會更好嗎？不一定，沒有什麼是絕對的。

你有想過嗎？當我們說「早知道」的時候，就表示之前並不知道。既然是不知道，又能怎麼選擇，我們又怎麼對一件根本不知道的事作判斷？

既然我們不是先知，無法預料下一時刻將要發生的事情，那麼，我們的人生就不免會有很多遺憾和困苦。雖然這些都是無法避免的，但我們卻可以決定自己要受苦多久。那麼，既然決定權在自己，為什麼我們總要讓自己苦上個十天半月，甚至好多年還不肯「放下」呢？

忘記過去的種種不快，給自己一個全新的開始，我們便會從未來的朝陽裡看見另一處成功的契機。

有個泰國企業家，他把所有的積蓄和銀行貸款全部投資在曼谷郊外一個備有高爾夫球場的十五幢別墅裡。但沒想到，別墅剛剛蓋好時，時運不濟的他卻遇上了金融風暴，別墅一間也沒有賣出去，連貸款也無法還清。企業家只好眼睜睜地看著別墅被銀行查封拍賣，甚至連自己安身的居所也被拿去抵押還債了。

情緒低落的企業家完全失去了鬥志，他怎麼也沒料到，從未失手過的自己，居然會陷入如此困境。他承受不起此番沉重的打擊，在他眼裡，只能看到現在的失敗，更不能忘記以前所擁有過的輝煌。

有一天，吃早餐時，他覺得太太做的三明治味道非常不錯。忽然，他靈光一閃——與其這樣落魄下去，不如振作起來，從賣三明治重新開始。

當他向太太提議從頭開始時，太太也非常支持，還建議丈夫要親自到街上叫賣。企業家經過一番思索，終於下定決心行動。從此，在曼谷的街頭，每天早上大家都會看見一個頭戴小白帽，胸前掛著售貨箱的小販，沿街叫賣三明治。

「昔日的億萬富翁，今日沿街叫賣三明治」的消息，很快地傳播開來，購買三明治的人也越來越多。這些人中有的是出於好奇，也有的是因為同情，更多人是因為三明治的獨特口味慕名而來。

從此，三明治的生意越來越好，企業家很快走出了人生困境。

他之所以能失而復得一個如此明媚的今天，是因為在曾經的失敗向他挑戰時，他沒忘記先將身上的灰塵拍落，然後再輕輕鬆鬆地與之應戰。

是啊！終日想著那些不幸的經歷和已經走錯的路途，只會更加劇我們自身的傷痛，也只會讓我們對未來的看法越來越悲觀。忘掉它們，把那些痛苦的過往從記憶中逐出，就像把一個盜賊從自己家逐出一樣。

所以，請從記憶中抹去一切使我們消沉、痛苦的事情，只有把這些放下了、忘記了，我們才能重新開始人生。對於那些不幸的經歷，唯一值得去做的，就是徹底將它們埋葬。

要知道，人生不可逆轉，時光不能倒流。在過去的長河中我們難免留下了遺憾，偶爾回頭去想想那些經歷過的失誤，也許對我們以後的人生、心態、行為，會有一些糾正和指引。但若沉溺於當初的痛苦之中無法自拔，只會停止我們前進的腳步。

所以，過去的就讓它過去，不管是痛苦還是輝煌。要明白，人生就是不斷重新開始的過程，隨時都可以有新的開始，新的希望，新的天空。從現在開始，請忘記過去，收拾行囊，重新出發吧。

十、放下猜疑，大膽去相信別人

《三國演義》中有這樣一段描寫：

曹操刺殺董卓敗露後，與陳宮一起逃至呂伯奢家。曹呂兩家是世交。呂伯奢一見曹操到來，本想殺一頭豬款待他，可是曹操因聽到磨刀之聲，又聽說要「縛而殺之」，便大起疑心，以為要殺自己，於是不問青紅皂白，拔劍誤殺無辜。

這是一齣由猜疑心理導致的悲劇。猜疑是人性的弱點之一，歷來是害人害己的禍根，是卑鄙靈魂的夥伴。一個人一旦掉進猜疑的陷阱，必定處處神經過敏，事事捕風捉影，對他人失去信任，對自己也同樣心生疑竇，這不僅會損害正常的人際關係，也會影響個人的身心健康。

生活中，我們常會碰到一些猜疑心很重的人。他們整天疑心重重、無中生有，認為人人都不可信、不可交。在現代社會，信任不知何時也成為了奢侈品，我們在報紙、雜誌、電視上看到了太多因為信任別人而上當受騙的例子，於是每個人都開始用懷疑的目光揣測身邊的人，信任似乎開始遠離我們的生活。然而，信任卻也是我們生活中最不可少的一件事物，如果缺少了信任，我們的生活就失去了陽光，世間就缺少了溫暖。

也許大膽地相信他人不是一件容易的事情，信任一個人有時需要許多年的時間，有些人甚至終其一生也沒有真正信任過任何人。有人說，倘若你只信任那些能夠討你歡心的人，那是毫無意義的；倘若你信任你所見到的每一個人，那你就是一個傻瓜；倘若你毫不猶疑、匆匆忙忙地去信任一個人，那你就可能很快地被你所信任的那個人背棄；倘若你只是出於某種膚淺的需要去信任一個人，那麼隨之而來的可能就是惱人的猜忌和背叛；但倘若你遲遲不敢去信任一個值得你信任的人，那就永遠不能獲得愛的甘甜和人間的溫暖，你的一生也將因此而黯淡無光。

信任雖然只是一種感覺、一種情感，但信任更是一種連接人與人的紐帶，甚至能決定人一生的成敗。一九五〇年，美國蘭德公司的弗雷德和德雷希爾兩個專家提出了相關理論，後來由顧問亞伯特以囚徒方式闡述，並命名為「囚徒困境」。基本內容是：員警抓住了兩個嫌疑犯，但證據不足，就給他們三種選擇：一是兩個人都不坦白，各判半年；二是一個人坦白並指證另一個人，坦白的無罪釋放，不坦白的判十年；三是兩個人都坦白，並相互指證，各判兩年。

這個假設一經提出，就引起了廣泛關注，直到今天還有很多專家在深入研究和廣泛運用。在這種困境中，只有雙方保持沉默，各判半年，才是最佳選擇。但實驗發現，很多人並不信任對方。為了避免被判十年的厄運，作出了坦白自己、指證他人，最後至少判兩年的選擇。這從反面證明了：彼此信任才是最關鍵的，尤其對於集體而言。

懂得信任他人的人才會擁有朋友和良好的人際關係，而這些是決定一個人成功的不可缺少的因素。正如雷納夫婦指出的：「要想順利開展工作，人們就必須構建相互信任的協作關係。」

一艘貨輪在烟波浩渺的大西洋上行駛。突然，一個在船奮力工作的黑人小孩不慎掉進了波濤滾滾的大西洋。孩子大喊救命，無奈風大浪急，船上的人誰也沒有聽見，他眼睜睜地看著貨輪拖著浪花越走越遠……

求生的本能使孩子在冰冷的海水裡拚命地游，他用盡全身的力氣揮動著瘦小的雙臂，努力使頭伸出水面，睜大眼睛盯著輪船遠去的方向。

船越走越遠，船身越來越小，到後來，什麼都看不見了，只剩下一望無際的汪洋。孩子的力氣也快用完了，實在游不動了，他覺得自己要沉下去了。放棄吧！他對自己說。這時候，他想起老船長那張慈祥的臉和友善的眼神。不，船長知道我掉進海裡後，一定會來救我的！想到這裡，孩子鼓足勇氣用生命的最後力量又朝前游去……

船長終於發現那黑人孩子失蹤了，當他斷定孩子是掉進海裡後，下令返航回去找。這時，有人規勸：「這麼長時間了，就是沒有被淹死，也讓鯊魚吃了……」船長猶豫了一下，還是決定回去找。

終於，在那孩子就要沉下去的最後一刻，船長趕到了，救起了孩子。

當孩子甦醒過來，跪在地上感謝船長的救命之恩時，船長扶起孩子問：

「孩子，你怎麼能堅持這麼長時間？」

孩子回答：「我知道您會來救我的，一定會的！」

「你怎麼知道我一定會來救你的？」

「因為我知道您是那樣的人！」

聽到這裡，白髮蒼蒼的船長「撲通」一聲跪在黑人孩子面前，淚流滿面：「孩子，不是我救了你，而是你救了我啊！我為我在那一刻的猶豫感到恥辱……」

可以說，能夠完全被一個人信任是一種幸福，能夠毫無保留地信任一個人也是一種幸福。

然而，信任也是人際關係中最重要同時也是最脆弱的因素，容易受到各種因素，特別是流言蜚語的影響。眾口鑠金、積毀銷骨、口水淹死人、挑撥離間、搬弄是非、嚼舌根等詞語，都反映了謠言對信任的影響。

信任有的時候彷彿是易碎的玻璃花，有時候哪怕只是一句玩笑，都會對信任產生影響。而我們需要在脆弱的缺乏信任的世界中學會信任，用信任溫暖朋友，獲得友誼，用信任為自己的事業、為自己的人生保駕護航。

十一、放下壓力，多聽聽音樂

現代都市人在充分體驗高科技成果所帶來的前所未有的愉悅的同時，也正忍受著它帶給人們的巨大壓力。現代社會的節奏非常快，無論是生活還是工作，壓力無處不在。面對這些壓力，我們所能做的就是減壓。減壓的方式有很多，人們常常會選擇聽音樂的方式排解壓力，因為音樂不僅是人類通用的「語言」，也是很好的「心理醫生」。

神經生理學家證實，音樂對神經結構，特別是大腦皮層有著直接影響。不同的樂曲作用於人的感覺器官，樂曲的旋律、速度、音調等不同，可分別使人產生鎮靜安定、輕鬆愉快、活躍興奮等不同作用，從而能調節情緒，穩定內環境，達到鎮痛、降壓、催眠等效果。人們把這種用音樂來治療疾病、增進健康的新型治療方法叫「音樂療法」或「音樂減壓」。

音樂為什麼能夠治病減壓呢？科學家們用先進的實驗方法測出，人體皮膚表面的細胞都在做微小的振動，這種微小的振動簡稱「微振」。當一定節奏的音樂作用於人體時，音樂的節奏和人體生理上的「微振」如果合拍，兩者便會發生共振，體內的微振加強，導致人體產生快感而忘卻煩惱，音樂就成了帶來這種快感的媒介。當人體機能失調後，體內的微振也就處於不正常的狀態。這時，我們根據音樂的特性，適當地選擇某一種音樂，即可借助音樂的力量，調整體內的微振活動，使其恢復到正常狀態，達到減輕壓力或治癒疾病的目的。

當然，音樂減壓與通常意義上的聽音樂、音樂欣賞也是有很大區別的。人們在聽音樂時可能還在做著別的事情，比如聊天、查閱資料、看書或是跳舞，這時，音樂只是作為一種氣氛的背景，不佔用人的注意力。即便佔用了注意力，也是把音樂當成一個欣賞的對象，並不是把自己內心世界的體驗與音樂融為一體，因此，音樂對他們的精神和生理的影響是非常有限的。而音樂減壓則是人處於邊緣狀態下的一種讓人身心深度放鬆的心理減壓方法。而音樂減壓的目的是透過音樂冥想來體驗自我生命的美感，豐富內心世界的想像力和創造力。在想像中，我們體驗自然和生命的美妙，讓心靈得到洗禮，進一步改變我們日常的心理狀態。

音樂減壓作為一種使人身心放鬆的保健方法，適用於亞健康人群和成年人身心保健之用。它所用的音樂多是描述高山、草原、溪流、大海、森林、田野等大自然風光的音樂，這些音樂很容易給人們帶來輕鬆、美好的感覺。但是，患有嚴重的抑鬱症、焦慮症、恐懼症等心理疾病的患者，卻不適合採用此方法來進行自我心理減壓。另外，患有精神分裂的人群、有認知錯亂的患者以及自我人格結構不健全和情感過於脆弱的人群也盡量不要使用這種心理減壓方法，因為他們都不能正常有效地控制自己的情緒反應。

心理音樂減壓在日常生活中的操作方法很簡單，我們只需選擇一個相對安靜的環境、一種讓身體感覺舒適的姿勢，然後想辦法讓自己盡快地全身放鬆，進入想像。等你毫不費勁地就能想像一些具體的事件和風景時，就可以進入到音樂減壓的實際操作階段了。這時，播放音樂，根據音樂描述的意境想像。可以想像自己坐在湖邊的大樹下，湖水清澈；也可以想像看見小魚在水中游動，樹上有小鳥在唱歌，一陣清涼的風吹過，你感覺到特別寧靜和安詳等等。此時，你盡情地體會著人與自然的和諧之美，會覺得心情無比的舒暢和快樂。經常保持這種狀態，就會讓你在平常的生活中擁有一種積極的人生態度。當音樂結束時，不要急於把眼睜開，先想像自己所處的環境，慢慢地回到現實中來，然後，再慢慢睜開眼睛，活動一下手腳，結束音樂減壓活動。

除此之外，還有很多方式可以在日常生活中幫我們解壓，而且不佔用過多的時間。比如說，清晨起來，用音樂來叫醒自己，聽一些古典輕音樂將特別有助於調節心情，讓頭腦更加清醒；上班的路上，在汽車裡放幾張自己很喜歡的ＣＤ，哪怕是碰到交通堵塞，也可以讓音樂轉移你的注意力，殲滅你因塞車而產生的壞情緒；還有用餐的時光，做繁重的家務時或是睡覺之前，我們都可以利用音樂來調節心情、緩解壓力。

並且，不同的曲子對於我們不同的心態也可以發揮不同的減壓作用。

在你感到抑鬱的時候，可以聽一聽莫札特的《b小調第四十交響曲》、巴哈的《A大調義大利協奏曲》、小約翰·史特勞斯的《藍色多瑙河》；在你感到焦慮的時候，可以聽韓德爾的《水上音樂》、鮑羅丁的《韃靼人的舞蹈》；失眠的時候，可以聽莫札特的《催眠曲》、孟德爾頌的《仲夏夜之夢》。

如果你喜歡中國古典音樂，可以選擇具有舒緩、低迴、輕柔、婉轉、幽雅等特點的樂曲，比如《春江花月夜》、《月夜》、《南渡江》以及《病中吟》、《催眠曲》、《漁光曲》等。或是選擇節奏明快、旋律流暢、音色優美的樂曲，來振奮精神、愉悅心情，比如《流水》、《喜相逢》、《賽馬》、《光明行》、《喜洋洋》、《百鳥朝鳳》、《八哥洗澡》等。還可以選擇一些反映天地人間生機盎然的音樂聽聽，比如《百鳥行》、《空山鳥語》、《蔭中鳥》等等。

應注意的是，不同的音樂適用的時間也不同。一般來說，鎮靜性的音樂應在晚上臨睡前聽，有助於睡眠和休息；興奮性的音樂宜在早上或上午聽，使人精力充沛，意氣風發；解鬱性的音樂受限制較小，可在任何時間聽。

另外，也可以透過卡拉ＯＫ、演唱會等形式自娛自樂，減壓的效果也很好。總之，學會用音樂點綴自己的生活，在日常用音樂來給自己減壓，我們會生活得更快樂！

第四章

糊塗處世，隱忍做人

鄭板橋說：「難得糊塗」，其實蘊含著一種大智若愚的處世智慧。人生處世，需要難得糊塗，對他人要擅見其長，不拘於其短；對事情能總攬全局，不捨本逐末；在大事上能夠堅持原則，分清是非，顧全大局，頭腦清醒，遵守道義，抑惡從善；在小事上則不過多計較，不小題大做，寬容大度，順其自然。這既是一種策略，也是一種智慧。

要做到難得糊塗，必須要做到「該糊塗時糊塗，不該糊塗時決不糊塗」。人生難得糊塗，貴在糊塗，樂在糊塗，成在糊塗。所以，掌握了難得糊塗，會使你恍然頓悟，會帶給你一種大智慧，會讓你獲得一種前所未有的達觀和從容。但難得糊塗不是無原則地放縱，更不是麻木不仁，而是一種暗示和警戒，是一種更高的生活境界，一種氣度和修養。

一、糊塗處世，不要自作聰明

不可否認，在現實生活中，糊塗處世往往會做人有人緣，做事有機緣。可以說，懂得糊塗的人總是能笑到最後。糊塗不是渾渾噩噩，而是指為人處世要大度，拿得起，放得下。事實上，真正聰明的人都是懂得適當糊塗的。不管遇到什麼樣的事情，絕不自作聰明。看似是裝糊塗，其實早已心知肚明，但是不會去得罪任何人。因此，不論身處何種環境，他們總是可以得心應手，逍遙自在。

在國人的處世之道中，很經典的一條就是「難得糊塗」。之所以「難得」，是因為人的本性是喜歡計較，一心想知道事情的真相。而聰明的做法是，有時不要太認真，要懂得糊塗處世。

戰國時期，楚王在京師大宴文武百官。由於打了勝仗，很是高興，楚王叫他的兩位愛妾給大臣敬酒。忽然刮了一陣風吹滅了所有的蠟燭，頓時漆黑一片。這時，席上一位官員乘機拉了楚王愛妃許姬的衣袖，許姬扯斷了他的帽帶。回到座位上以後，她就在楚王耳邊悄聲說：「剛才有人乘機調戲我，我扯下了他的帽帶。點亮蠟燭以後，看誰沒有帽帶，就知道是誰了。」楚王聽了以後，卻沒有馬上命人點蠟燭，而是對各位大臣說：「我今晚一定要和各位開懷暢飲。來，大家把帽子摘了，痛飲一番。」

點亮蠟燭以後，所有的人都沒有戴帽子，也就看不出誰是誰了。後來楚王討伐鄭國，有一位將領獨自率領幾百人，為三軍開路，威震敵膽，立下了赫赫戰功。他就是當年調戲許姬的那一位官員，他發誓要畢生效忠楚王，因為楚王沒有怪罪於他。

試想，如果楚王當時就要給妃子出氣，查清是誰做的，結果會怎樣？不用說，這位調戲妃子的將領必會受到懲罰。楚王的聰明之處就在於，他拋開了追究到底的常情，從長遠考慮，得到了一顆對自己至死不渝的忠心。

由此我們可以看出，所謂的糊塗處世是指擁有一顆包容的心，是一份不斤斤計較的瀟脫。這樣做並不是真正的糊塗，而是已經將事情看得很清楚了，只是由於某種原因，不便於直截了當，在這種情況下就要採取糊塗處世的辦法。有時遇到的一些事情，沒必要說得太明白，給自己和對方都留有餘地，才不至於把關係弄得太緊張。

人不能活得太明白，但也不能什麼都明白，有誰能夠萬事都懂？水至清則無魚，太明白了也就失去了人生的滋味，太糊塗就失去了萬物之靈的人生意義。最好可以做到將七、八成明白，三、兩成糊塗融合起來。

人不要自作聰明，在別人面前適當地表現傻一點、糊塗一些，該糊塗的時候就糊塗一下，該明白的時候也不時糊塗一下。用糊塗藏起自己的鋒芒，為人處世應當外圓內方。小聰明可以招人喜歡，受到讚賞，但過多的聰明，則會「物極必反」。

據說東漢末年有個叫楊修的人。他博學能言，知識過人，後來成為曹操門下掌庫的主簿。他自認為才高八斗，就小看天下之人。

一次，曹操建一座後花園，快竣工時，他去觀看。轉了一圈，臨走時什麼也沒說，只在花園大門上寫了一個「活」字。一見此景，大家都摸不著頭腦，就去請教楊修。楊修笑著說：「門內添活字，乃闊字也。丞相是嫌你們把園門造得太寬大了。」工匠們恍然大悟，於是返工重建。後來又請曹操驗收，曹操看了大喜，問道：「誰明白了我的意思？」左右回答：「是楊主簿！」曹操雖表面上稱好，心裡卻開始忌諱。

後來，有人送了一盒精美的酥餅給曹操。曹操沒有吃，只是在禮盒上寫了三個字「一合酥」，就放在桌上，出門去了。有的人沒理會這件事，有的人不明白他的意思，不敢妄動。這時正好楊修進來看見了，便逕自走向桌前，打開禮盒，讓大家把酥餅分吃了。曹操進來，看大家正在吃，臉色有點不好看了，便問：「為何吃掉酥餅？」楊修上前答道：「我們是按您的吩咐吃的。」曹操又問：「此話怎講？」楊修從容地說：「酥盒上寫著『一人一口酥』，分明是賞給大家的，難道我們敢違背命令嗎？」曹操見楊修又識破了自己的心意，表面上樂呵呵，心裡卻對他突生厭惡之情。

曹操的疑心很重，害怕別人在暗中謀害他，曾對身邊的人說：「我在夢中好殺人，我睡覺時，你們千萬不要靠近我。」一天，他故意裝睡，殺了自己身邊的侍衛。人們都以為曹操真是夢中殺人，只有楊修又識破了他的意圖，臨葬時指著侍衛的屍體歎息說：「丞相非在夢中，君乃在夢中爾！」曹操聽到後更加厭惡楊修。

楊修最後一次表露聰明是在曹操自封為魏王之後。曹操出兵漢中進攻劉備，困於斜谷界口，心中猶豫不決，正碰上廚師送來雞湯。他見碗中有雞肋，因而有感於懷。覺得自己眼下猶如碗中的雞肋，「食之無味，棄之可惜」。於是，曹操隨口就說：「雞肋，雞肋。」此時夏侯敦進來請問夜間口令，聽曹操這麼說，就傳令「雞肋」下去。楊修聽見「雞肋」，就叫隨行人收拾行李，準備回程。夏侯敦問他為什麼，他說：「雞肋，吃著沒肉，丟了覺得可惜。魏王的意思是現在進不能勝，退又害怕讓人笑話，在此沒有好處，不如早歸。明天魏王一定會下令班師回轉的。」於是將領們都準備返回。

曹操發現了這一切，就叫楊修過來問話，楊修便以雞肋的意思對答。曹操大怒說：「你怎敢造謠言，亂我軍心！」說完便喝刀斧手將他推出去斬了。

可以說，正是楊修的自作聰明使他成了刀下鬼。他的聰明使他招人讚賞，但他太濫用自己的聰明，最糟糕的是他自作聰明，動不動就表現出來，這樣終究是會被人忌妒的，最終給自己招來了殺身之禍。

人生在世，得得失失，紛紛擾擾在眼前，又有幾人能看透一切？常言說得好：「不如意事常八九，可與人言無二三。」生活中，為人處世，總有許多跌跌撞撞，即便是心中有萬丈光芒，拿出來的也不過是一丁點兒亮。於是，做起事來，總覺得是被拘束著。而學會糊塗處世，就可以減少許多煩悶，讓自己身心俱輕。

二、認爲自己聰明的往往吃大虧

每個人都希望自己是聰明的，而聰明的人則希望自己更加聰明，沒有人願意讓自己比別人笨，這是常理。一個人聰明本來不是什麼壞事，但有的人認為自己聰明得天下無雙，總覺得自己了不起，看不起別人，往往就會做出「聰明反被聰明誤」的事情來。然而有句話說得好，「你可以在某些時候欺騙所有的人，或可能在所有的時候欺騙某些人，但你絕不可能在所有的時候欺騙所有的人。」所以說，不管什麼時候，千萬不要自視過高，把別人當傻子。凡是認為他人愚笨，輕視別人的人，其實是最不明智的。

自以為聰明的總體表現是缺乏自知之明，這樣的例子在我們周圍並不少見。

一天，有個人去動物園遊玩。走到猩猩的籠子旁邊時，覺得猩猩很有趣，便想戲弄一下。他先向猩猩敬了個禮，猩猩看有人向他敬禮，也模仿著對他敬禮。他覺得有意思，就接著向猩猩作揖，猩猩便也向他作揖，然後他向猩猩捏了捏眼皮，不料猩猩這次沒有模仿，而是咆哮起來，伸出手打了他一巴掌。

這個人很生氣，就去問飼養員。飼養員告訴他，在猩猩的語言裡，捏眼皮是罵對方傻瓜的意思，所以猩猩會打人，他一下子明白了。此人覺得自己比猩猩聰明多了，怎麼能吃這個虧呢？於是，第二天就又去動物園，想報復猩猩。他向猩猩敬禮、作揖，猩猩都跟著做了。接著，他拿出一根大棒子向自己頭上打了一下，然後把棒子交給猩猩。讓他失望的是，猩猩這次沒有模仿他，而是得意地向他捏了捏眼皮……

凡是那些認為自己很聰明，常以戲弄別人取樂或佔些小便宜的人，就像這個讓猩猩嘲弄的人。有些人總認為自己比他人要高出一籌，因此便想方設法去戲弄別人，妄圖讓別人出醜，來讓自己和周圍的人取樂，結果往往是錯誤地估計了形勢，反而讓自己在大家面前吃了虧，出了醜，成了大家取笑的對象。所以說，在這個世界上，誰都不是「傻瓜」，如果你總是自以為聰明而不懷好心，到頭來吃虧的可能就是自己。

說起《紅樓夢》中的王熙鳳，大家無不驚歎她的精明能幹，應付各色人更是得心應手。但是她最終卻「機關算盡太聰明，反誤了卿卿性命。」

鳳姐指揮操辦秦可卿的喪事，辦得是井然有序，使得上下皆服，足見其聰明和能幹。

處理一個大家庭的家政，並不是一件容易的事，但鳳姐卻可以勝任，由大而小，每一件都井井有條。那複雜的人際關係，更需她察顏觀色，小心體會。祖孫之間，婆媳之間，嬸侄之間，種種關係都要照顧周全，稍有懈怠，就會招致非議，動搖她的地位。

鳳姐「少說只怕有一萬心眼子，再要賭口齒，十個會說的男人也說不過她呢」，「真真你泥腿光棍，專會打細算盤」，「心性又及深細，竟是個男人萬不及一」，「天下人都叫你算計去了」，「嘴甜心苦，兩面三刀」，「上頭笑，腳底下使絆子」，「明是一盆火，暗是一把刀」這是熟悉她的人對她的評價。

然而，就是這樣一個十分精明的人物，最後卻落得孤家寡人，身心勞碌至死又一無所得。甚至連她的丈夫也數落她、背叛她，她實在是活得很累、很苦。這一切的根源，可以說都在於她自以為很聰明。真是「聰明反被聰明誤」。

聰明人往往是自恃聰明，過度自信，不知適可而止，才會最終吃大虧。儘管他們在頭腦清醒時也知道適可而止的好處，也懂得中庸之道，也有處事的原則，明白「有所為有所不為」的道理，但最終因為利益的驅使，好勝心難以滿足，結果還是越走越遠，不知不覺間又放棄了做人做事的原則，結果卻是大禍臨頭。

有這樣一個寓言故事：

一位農夫總是強迫驢背負很重的東西，常常壓得驢很累，自己暗自生氣。一次，農夫要驢馱鹽，驢決定報復和戲弄農夫。過河的時候，它故意跑進河裡，結果鹽全部溶化了。農夫很生氣，驢卻很高興，心想這次農夫可虧大了，誰讓他總是讓我做勞累的工作，只要有機會，我還得好好教訓教訓他。農夫經過上次的教訓以後，也就不再讓驢背那麼重的東西了。這一次，他讓驢背海綿。可是驢不甘心，還想報復農夫，於是，它背著這一堆海綿又跑進河裡。結果上岸後，驢被吸滿水的海綿壓得差點死了。

一般來說，那些認為自己聰明的人，往往都很自信，很驕傲。因為自己有一些小本事，就總愛耍一些小花招、小把戲，把事情搞砸或者攪得事情發展不順利。他們以為這樣做會表現出自己的重要性，或者透過這個讓自己受益，可能有些時候他們也的確得到了自己想要的。所以，在很多事情上他們就會故技重演，屢屢如法炮製，妄圖得到更大的利益。殊不知，聰明反被聰明誤，最後的結果很可能是事情真的辦砸了，而自己不但沒有受益，還蒙受了不小的損失。所以說，對自己要有一個明確的把握，千萬不能讓小聰明害了自己。

三、在忍耐中等待時機

蘇軾在〈留侯論〉中說：「古之所謂豪傑之士者，必有過人之節，人情有所不能忍者。匹夫見辱，拔劍而起，挺身而鬥，此不足為勇也。天下有大勇者，卒然臨之而不驚，無故加之而不怒，此其所挾持者甚大，而其志甚遠也。」

在生活和工作中，我們總會遇到各種各樣的困難、委屈和困惑。在有些情況下，真的需要我們去學會忍受和等待。忍耐不是要放棄我們的目標和原則，而是「以退為進」的等待——等待天空的霧退去，等待前進的時機，等待生活變得更美好……因此，忍耐並不是一味的退縮，而是在忍耐中等待時機。對於做大事的人來說，忍耐是成就事業必須具備的基本素質。

里昂傳奇般的發家史被同行炒得沸沸揚揚，版本眾多，他自己也毫不避諱：「其實我是刷馬桶出身。」

第一天應聘時，里昂忐忑不安地走進老闆的辦公室：「你好，我叫里昂，今年剛畢業……」話還沒說完，老闆頭都沒抬一下：「出去！出去！我們不要剛畢業的！」里昂當時感覺喉嚨好像被石塊堵住了一樣，但他仍小心翼翼地說：「雖然我剛畢業，但是我挺有天分的……」老闆粗暴地打斷了他，高聲地說：「出去！出去！我們的員工個個都有天分！出去……」

里昂馬上拿出作品放到桌面上，老闆掃了兩眼，感覺還有點意思，就耐著性子對里昂說：「我們這裡是無紙化辦公，要求熟練操作電腦。」里昂連連說：「我會，我會電腦！」軟磨硬泡之下，老闆答應試用他幾天。沒過幾天，老闆又走過來請里昂走人，原來老闆看出他只是會點皮毛。

如此三番五次的「摧殘」，換了別人早就打退堂鼓了，偏偏里昂是個天性倔強的個性，他決心「賴」在這家公司不走了。

有人曾對他說過：「在這個競爭激烈的地方，光有自尊心是不夠的。一個人只有戰勝自己的恐懼和小小的面子，才能真正立足。」

里昂表示，他只想學電腦，不要公司的任何報酬，只要管他吃住就可以了，並且每天為公司打掃清潔。老闆最後開了個苛刻的條件，必須負責每天打掃公司的洗手間，包括刷馬桶。

里昂答應了，於是他開始在公司利用所有的機會「偷藝」。直到一九九九年七月，他獨自完成某別墅群的規劃，設計費為二十萬元。這時里昂的經驗已經很老到了，就學時他的風景水粉畫功底此時也大大地派上了用場。客戶看了里昂的設計圖紙後讚不絕口，痛痛快快地將尾款全部匯到了公司帳上。

幾年之後，里昂帶著積存的五百萬元開了一家屬於自己的裝潢公司。重提過去那段往事，里昂稱刷馬桶的經歷實屬上帝「負面的恩典」，他會抱著感恩的心去看待這段往事。里昂的故事告訴了我們一個成功的「秘密」——所謂能耐，就是能夠忍耐。

懂得忍耐的人就得品嘗先苦後甜的味道，因為忍耐是保存實力、等待時機、重新崛起的緩兵之計。一時的衝動往往改變不了現狀，而忍耐卻可以後發制勝。況且，人這一輩子總要遇到點挫折，在夜晚忍耐黑暗就是為了迎來絢麗的黎明，在嚴冬忍耐寒冷就是為了得到春天的溫暖。

孟子也曾說過：「天將降大任於斯人也，必先苦其心志，勞其筋骨，餓其體膚，空乏其身。」能在各種困境中忍耐是一種能力，而能在忍耐中等待，更是一種本領。

一家大公司某個重要部門的經理要離職了，董事長決定重新找一位德才兼備的人坐這個位置，但所有面試的人都沒有通過董事長的「考試」。這次，有位三十多歲的留美博士前來應徵，董事長卻通知博士第二天凌晨三點去他家考試。這位博士準時到達，按了董事長家的門鈴，但是一直沒有人來開門。他只好在門外等著，一直到八點鐘，董事長才開門讓他進去。

考試的內容也是董事長口述。董事長輕鬆地問他：「你會寫字嗎？」博士說：「會。」於是董事長拿出一張白紙說：「請你寫一個字，就是白飯的『白』字。」他很快寫完了，卻沒有了下一題，就疑惑地問：「這樣就行了嗎？」董事長靜靜地看著他，回答：「對！就這些，考完了！」博士很是納悶，這是哪門子的考試啊？第二天，董事長在董事會上宣佈，這個年輕的博士通過了考試，而且是一項嚴格的考試！

董事長解釋道：「一個如此年輕的博士，他的聰明才智與學問不是問題，因此我的考試會更難。」隨後又解釋說：「首先，我考他的犧牲精神。我要他犧牲休息時間，凌晨三點鐘來參加公司的應考，他做到了；我又考他的忍耐，要他空等五個小時，他又做到了；我又考他的脾氣，看他是否能夠不發飆，他都做到了；最後，我考他的謙虛，我只考一個五歲小孩都會寫的字，他也認真地寫了。一個人擁有博士學位，又有犧牲的精神、忍耐、好脾氣和謙虛的個性，這樣德才兼備的人，還有什麼可挑剔的呢？所以我決定錄用他！」

每個人都希望事業有成，當你立志要做大事時，不妨先放下身段，學會適時的忍耐。其實，走向成功不只靠淵博的學識，更重要的是個人的氣度。一些小的細節，往往會左右每個人未來的成就。

人的一生，有著太多的事情需要去忍耐，不是什麼事都可以馬上去實現，也不是什麼話都可以隨便說。人自從出生那天起，就要經受痛苦、磨難、絕望、淚水，承受過了，才會明白什麼是幸福、快樂。不管別人怎麼說，你只管走你自己的路；不管別人做了什麼，給自己帶來了怎樣的傷害，你都得昂首闊步向前走，因為我們每一次的忍耐都是為了下一次的機會。

要知道，絢麗生活的背後一定少不了對委屈和暫時困難的忍耐，所以，一定要對美麗的彩虹有所等待，在忍耐中等待時機。因為生活多數是在不美麗中等待美麗，而忍耐本身也是一種美麗。

四、隱忍做人，莫要衝動

諺語云：「萬事皆因忙中錯，好人半自苦中來。」想要有所成就，必須觀察時機，等待機會，不可衝動行事。承受苦難是一種承擔，一種等候，也是對自己的考驗。在困難、屈辱面前，要能夠隱忍，一旦時機成熟，必然水到渠成。從古到今，許多成大事者都在忍耐失敗後尋找機會，繼續向成功邁進。

春秋時期，吳越兩國之間積怨很深。早在西元前四九六年，吳王闔閭率軍攻打越國，不料卻反被越國打敗，闔閭死於逃跑途中。他的兒子夫差繼位以後，不斷提醒自己，勿忘國恥，為父報仇。他大規模操練兵馬，經過兩三年的精心準備，夫差親自率領軍隊攻打越國，終獲成功。

在歷史上，有許多像勾踐一樣因懂得隱忍之道而成功的人，其中最有名的能「忍」之例就是韓信忍受的胯下之辱。當時韓信落魄潦倒，無心也無力與惡少相爭，只好忍辱從惡少胯下爬過。還有孫臏忍龐涓之辱，也在歷史上很有名。這二位忍受大辱，其結果如何？韓信留下有用之身，終於成為大將。如果他當時鬥氣，後果難以預料；孫臏保住一命，終於收拾了龐涓。如果他當時不能忍，興許早就沒命了。總之，韓信也好，孫臏也罷，如果不懂忍道，那他們也很難成就一番事業。

小不忍則亂大謀。忍方能成其事，忍方能遂其業，不能忍者無大成。隱忍不是軟弱，更不是懦夫行徑，這樣的人才是真正具有大智、大仁、大勇的人物。有人以為凡事忍耐，承認過錯及甘心受罰便是懦夫，事實上，在權衡自身條件尚無絕對優勢時，暫時的隱忍做人是必要的。而有勇無謀，表面上的不受屈辱，往往才是真正的懦夫。

在現代社會，懂得隱忍之道同樣重要。生活在這個充滿競爭的年代，每個人的壓力都很大。人在一生當中會遇到很多問題，如果能忍一忍，並學會控制自己的情緒和心志，以後即使碰到大的問題，自然也能忍受，也自然能忍到最好的時機再把問題解決。如果不能忍耐，每天都率性而活，那麼永遠都無法成就大事業。

有一位年輕人畢業後被分配到一個海上油田鑽井隊工作。在海上工作的第一天，領班要求他在限定的時間內登上幾十公尺高的鑽井架，把一個包裝好的漂亮盒子拿給在井架頂層的主管。年輕人抱著盒子，快步登上狹窄的、通往井架頂層的舷梯。當他氣喘吁吁、滿頭大汗地登上頂層，把盒子交給主管時，主管只在盒子上面簽下了自己的名字，又讓他送回去。於是，他又快步走下舷梯，把盒子交給領班，而領班也是同樣在盒子上面簽下自己的名字，讓他再次送給主管。

年輕人看了看領班，猶豫了片刻，又轉身登上舷梯。當他第二次登上井架的頂層時，已經渾身是汗，兩條腿抖得厲害。主管和上次一樣，只是在盒子上簽下名字，又讓他把盒子送下去。年輕人擦了擦臉上的汗水，轉身而去。

當領班第三次讓他把盒子送給主管的時候，年輕人終於開始憤怒了，但他盡力忍著不發作，擦了擦滿臉的汗水，抬頭看著那已經爬上爬下了數次的舷梯，抱起盒子，步履艱難地往上爬。當他上到頂層時，渾身上下都被汗水浸透了，汗水順著臉頰往下淌。他第三次把盒子遞給主管，主管看著他慢條斯理地說：「把盒子打開。」

年輕人撕開盒子外面的包裝紙，打開盒子——裡面是兩個玻璃罐：一罐是咖啡，另一罐是奶精。年輕人終於無法克制心頭的怒火，把憤怒的目光射向主管。主管又對他說：「把咖啡沖上。」此時，年輕人再也忍不住了，「啪」地一聲把盒子扔在地上，說：「我不幹了。」說完，他看看扔在地上的盒子，感到心裡痛快了許多。

這時，主管站起身來，直視他說：「你可以走了。不過，看在你上來三次的份上我可以告訴你，剛才讓你做的這些叫做『承受極限訓練』。因為我們在海上作業，隨時都會遇到危險，這就要求隊員們有極強的承受力，能承受各種危險的考驗，只有這樣才能成功地完成海上作業任務。很可惜，前面三次你都通過了，只差這最後的一點點，你沒有喝到你沖的甜咖啡。現在，你可以走了。」

也許你會說，你不會從事海上作業，所以無須承受這種極限訓練，也無須學會這種痛苦的忍耐。如果你有這種想法，你就大錯特錯了。是的，忍耐大多數時候是痛苦的，因為忍耐壓抑了人性。但是，成功往往就是在你忍耐了常人所無法承受的痛苦之後，才出現在你面前的。要想成功，學會忍耐、不衝動是你的必修課。

現實生活中，可能很多時候我們都面臨選擇，一時的血氣之勇是每個人都能做到的，而懂得忍耐，以贏得發展的時間、空間，卻不是所有人都具備的素養。但是，要贏得成功，在激烈的競爭中立於不敗之地，就必須要學會處事低調，隱忍做人。所以，從現在開始，就在心中默念忍道，學會「忍」術，因為你一生還有更長的路要走，還有更大的目標等著你去實現，莫讓當下毀於衝動。

五、學會主動示弱，淡然處世

主動示弱者，在某種意義上說也是人生在世的一種姿態。如今的很多人都愛表現出強者風範，但往往碰得頭破血流；而會適當示弱的人，則更容易被接受。所以，做人做事，如果能適時地示弱，就可能成為贏家。世上沒有風平浪靜的海，也沒有一帆風順的路，我們每個人都會遇到困難和挫折，既然避免不了，就不要太在意，總是放在心上。有時候，既然不能硬碰硬，那就學會主動示弱，淡然處世。

某地有一座磚瓦窯，窯主規定每個窯工每個月必須製成一萬片瓦坯，不能完成的只能拿一半的工錢，超過一萬片按數量計發獎金。

一天，窯主新招了一個工匠陸元，他上窯廠工作了兩天，每天製瓦坯六百片，且品質上乘。老闆非常高興，褒揚了他。陸元就得意地說：「每天八百片我都沒問題，這獎金我拿定了。」

收工時，陸元感覺到一道道惱恨的目光向他射來。當他到餐廳吃飯的時候，他的碗筷又被別人扔在一旁。這一下，陸元知道自己遭到了大多數人的妒忌。

第三天，陸元有意放慢了速度，製瓦坯的數量和一般工人接近。老闆再來檢查時，陸元懇切地說：「老闆啊，我們在磚窯工作又髒又累，做了九千九百九十九片瓦坯還只能拿一半薪資，有點不合理……」老闆考慮了一下，覺得他說的也有道理，就取消了這項薪資制度。

陸元還積極接近同事們，教他們提高工效的辦法，使大家都能達到定額。此後，同事們都不再妒忌他，還佩服、尊敬他。

陸元曾因鋒芒畢露得罪了同事，之後他又及時調整自己，不再突顯自己，而是關心大家的利益，提出建議並幫助同事提高工效，最後讓老闆滿意，同事高興，自己也獲得了尊敬。

其實，人大都具有一種妒忌的心理，而示弱能使處境不如自己的人保持心態平衡，有利於人際交往。畢竟，一個人在這方面突出，那麼另一方面就難免有弱點。所以在社交中，就不妨選擇自己「弱」的一面，削弱自己過於咄咄逼人的成績，讓別人放鬆警惕。

曾有一位記者去拜訪一位企業家，目的是要獲得有關他的一些負面資料。然而，還來不及寒暄，這位企業家就對想質問他的記者說：「時間還早得很，我們可以慢慢談。」記者對企業家這種從容不迫的態度大感意外。

不多時，秘書將咖啡端上桌來。這位企業家端起咖啡喝了一口，立即大嚷道：「哦！好燙！」咖啡杯隨之滾落在地。等秘書收拾好後，企業家又把香菸倒著插入嘴中，從過濾嘴處點火。這時記者趕忙提醒：「先生，你將香菸拿反了。」企業家聽到這話之後，慌忙將香菸拿正，不料卻又將菸灰缸碰翻在地。

在商場中趾高氣揚的企業家出了一連串的洋相，使記者大感意外。不知不覺中，原來的那種挑戰情緒完全消失了，甚至對對方產生了一種同情。這就是企業家想要得到的效果，這整個過程，其實是企業家一手安排的。因為在通常情況下，當人們發現傑出的權威人物也有許多弱點時，過去對他抱有的恐懼感就會消失，而且由於同情心的驅使，還會對對方產生某種程度的親切感。

在人際交往中，要使別人對你放鬆警惕，產生親近之感，只要你能很巧妙地、不露痕跡地在他人面前暴露某些無關痛癢的缺點，出點小洋相，表明自己並不是一個高高在上、十全十美的人，這樣就會使人在與你交往時鬆一口氣，不再以你為敵。

從這裡我們可以看出，主動示弱是一種生存策略。在當今競爭激烈的環境下，鋒芒畢露的人總會成為眾矢之的而被大家孤立或拋棄，最終不能得到勝利。而隱藏自己的實力，消除大家的防備之心，在適當的時候再發動出其不意的打擊，一舉贏得競爭的勝利，才是能適應當今社會的生存法則。

在弱肉強食的動物界裡，有些動物也善用示弱，在獵物面前隱藏實力，借機靠近獵物，找到機會，迅速捕獲食物。

在廣袤的草原上，轉角牛羚和瞪羚正在尋覓著營養豐富的嫩草，一隻鬣狗悄悄地走了過來。如果是其他外表威猛的獅子和獵豹，這些食草動物們早已嚇得四處逃跑了，但鬣狗其貌不揚的樣子實在難以引起牠們的重視和注意。更讓牠們不屑的是，這隻鬣狗低著腦袋，夾著尾巴，緊縮著身體，步履緩慢，擺出一副可憐兮兮、任人擺佈的樣子。

這些身體健壯、奔跑跳躍力出色的牛羚和瞪羚根本沒把牠放在眼裡，任由鬣狗在牠們身邊走來走去。突然，這隻鬣狗面露猙獰之色，一個加速跳起，咬住牛羚的後腿。強壯的牛羚不甘心束手就擒，拚命掙扎，但鬣狗強有力的脖頸使牠具有像老虎鉗一樣的咬合力。不一會兒，這隻牛羚就奄奄一息，最後成了鬣狗的美餐。幾天後，這隻鬣狗又故伎重施，成功捕獲了一隻瞪羚。

鬣狗的故事告訴我們，有時候，過分地逞強，過分地表現實力，只會成為己方的障礙，增加自己成功的難度；而反其道行之，隱藏自己的實力，適當地示弱，當確定已非常接近成功的時候再一舉取得勝利，則是當今社會的一種生存智慧。主動示強，未必能笑到最後；淡然處世，也許走得更遠。

海灘上的藍甲蟹分為兩種，一種是較為兇猛的，跟誰都敢開戰；一種是比較溫和的，遇到敵人，便翻過身子，四腳朝天，任你怎麼踩牠，牠都不理不動，一味裝死。經過了千百年的演變，出現了一種有趣的現象，強悍兇猛的藍甲蟹越來越少，成為瀕危動物；而喜歡示弱的藍甲蟹，反而繁衍昌盛，遍佈世界許多海灘。動物學家研究發現，強悍的藍甲蟹一是因為好鬥，在互相殘殺中首先滅絕了一半；其次是強悍而不知躲避，被天敵吃掉一半。而會示弱裝死的藍甲蟹，則因為善於保護自己而得以生存。

讓我們做一隻會示弱的藍甲蟹，在競爭激烈的現代社會中走得更遠吧。示弱不僅能使得彼此消除不必要的敵意，增進瞭解和理解，還是成功路上必不可少的考驗。試想，誰能夠恒強？誰能夠永遠一帆風順？在強的時候故意示弱固然是一種策略，可是在弱的時候，不妨也誠實一點，示弱給別人看，表達你需要幫助的誠意，從而接受別人的幫助，走出困境。

六、切莫張揚，以免遭來小人的妒忌

古語云：「木秀於林，風必摧之；堆出於岸，流必湍之；行高於人，眾必非之。」一個聰明的人，本來應該保持謙恭有禮、不過分張揚。可是總有那麼一些人喜歡到處張揚，誇耀自己。這種人表面看來好像很聰明，很有本事，其實他的所作所為跟無知的人並沒有什麼不同。甚至有時被人算計了，吃虧了，還不知道這一切是因為什麼。事實上，一個有真才實學的人，不用到處張揚，別人也會感受到他的光芒，也可以受人尊敬。而那些喜歡張揚的人，往往會讓人看不起。

古往今來，多少仁人志士，因其才能出眾，技藝超群，行為脫俗，招來別人的妒忌、誣陷，甚至丟了性命。

有人比喻說，穀穗經過風吹雨打，得以顆粒飽滿，卻將頭垂得很低；蛹蛻變成蟬，要經歷漫長的黑暗與寂寞，才能吸汁吮露；花粉成蜜，蜜蜂要付出一個季節的辛勤醞釀，才有甘甜純美可品嚐；噴薄而出的岩漿，形成美麗的奇觀，是經受了千萬年的擠壓與撞擊。

所以，人生需要內斂，過早地張揚，只能使未綻的花蕾迅速凋謝。鋒芒畢露的人就好似一把尖刀，傷害著身邊的人。一個懂得韜光養晦的人會在適當的時候適當地表現出才能，既能讓人賞識，又不會讓人心生不快。

張博仁畢業於上海某大學金融科系，畢業之後到一家大型企業擔任銷售助理一職，試用期為六個月。

工作以後，銷售助理這個職位讓他覺得能夠完全發揮自己的能力，在業務方面，張博仁工作得十分出色。一次業務談判，連老總都對他刮目相看。但令人意外的是，當六個月試用期結束時，公司的人事部門卻委婉地告訴他：「連續假結束後，你不用來公司報到了。」

「現在想想，可能是當時有些人際關係的問題沒有注意，結果丟了工作。」丟掉工作後的張博仁向朋友說起這件事時只能這樣苦笑。當時，通過層層面試進入公司，張博仁自然想好好表現，可惜過猶不及。事後才知道，主管和同事對他的工作能力沒有任何疑義，但是對於他的綜合表現卻給予了四個字——鋒芒太露。

過於希望嶄露頭角，不注意處理人際關係，對於前輩同事也不夠尊重，這些都是張博仁的致命傷。更讓上司和同事難以接受的是，對於他們的一些錯誤以及公司某些制度上的不健全，張博仁也會毫不保留地提出，絲毫不留情面。

對於自己的意外出局，張博仁無奈地表示，可能自己對怎樣處理社會關係還不是很明白，想把事情做好，結果卻適得其反。「就拿那次談判來說，我確實完成得很出色，但是後來覺得有些越俎代庖了。其實我只不過是個銷售助理，很多事情還是應該讓銷售經理來處理和決定，可我當時沒有意識到這一點。後來老總表揚了我，反而讓我們經理難堪了。」雖然滿肚子委屈，但張博仁也無可奈何，只得接受了這個事實。

也許透過這件事，會讓他以後收斂一些自己的鋒芒。不管是在職場還是在生活中，都要學會掩其鋒芒，低調做人，學會深藏不露，這樣，人生的道路上才會少一些妒忌的目光，少一些故意的陷害；才會多一些順利，多一些和諧。

在人群中太張揚，這樣對自己不好。把自己暴露在眾目睽睽之下，這就相當於把肉放在砧板上，實在是相當愚蠢的。

尤其是年輕人，他們愛我行我素，極力張揚自己的個性，總想與他人不同，而且生怕別人不知道他們與眾不同的一面。其實，過分張揚，很容易受到一些人的妒忌，給自己惹禍上身。

一群猴子快樂地生活在臨江的一座山上。這座山飛瀑流泉，樹木繁茂，風景秀麗。每年春天過後，漫山遍野都長著野果。說不清是什麼時候，一群猴子來到這裡安定下來，此後一直過著不愁溫飽、悠然自在的日子。

有一天，吳王帶著隨從乘船在江上遊玩，當他在江兩岸的奇山異峰中發現這風景秀麗的猴山時，感到異常興奮，於是便令隨從在猴山腳下的江邊泊船，到山上觀賞。

山上的猴子們一向過得清靜，突然看到山上來了這麼多人，牠們面面相覷，嚇得驚慌失措，四下逃走，躲進荊棘深處不敢出來。

只有一隻猴子顯得與眾不同，牠從容自得地停留在原地，一會兒抓耳撓腮，一會兒手舞足蹈，滿不在乎地在吳王面前賣弄著牠的靈巧。吳王拉開弓，用箭射牠，這隻猴子並不害怕，吳王射過去的箭都被牠敏捷地抓住了。吳王有些氣惱，便命令隨從們一起去追射這隻猴子，猴子難以招架，最終被亂箭射死。

吳王回來對身邊的人說：「這個猴子倚仗自己的靈巧，不顧場合地賣弄自己，以至於丟掉了性命，真是可悲。你們都要引以為戒，千萬不要恃才傲物，到處張揚，在人前顯露自己的一些雕蟲小技。」

真正聰明的人懂得藏而不露，而僅憑一點點本事就到處張揚、賣弄的人是愚蠢的。他們不是弄巧成拙，成為別人的笑柄，就是遭人妒忌、陷害，最終落個失敗的下場。

所以說，一個人就算是真的擁有真才實學，不想埋沒自己於平凡中，想極力表現自己，也要懂得適度收斂。如果太過於張揚，表現自己，就會忽略了他人的存在而變得目中無人，容易成為孤芳自賞的人，很難有好的發展前景。

七、學會隱藏，做到喜怒不形於色

人有七情六欲，所以，喜怒哀樂成了我們生活中的交響曲。或者可以說，因為有了喜怒哀樂，我們的生活才會豐富多彩。

人不可能毫無表情，每一種表情都代表著一種心情，一種內心的想法。正因為如此，我們要學會隱藏自己，不能喜怒都形於色，不管心裡有怎樣的波濤在起伏，都不要表現出來。這樣做的原因大致有以下兩個：其一，心裡的事是我們自己的，讓別人來一同承受是不公平的；其二，表現得過火，會讓別人覺得太淺薄，沒有「心機」，什麼事都沉不住氣。

要做到喜怒不形於色，確實不是一件簡單的事情，它要求我們在生活中做到得意而不忘形，憤怒而知自控。

在三國時期，諸葛亮去他未來的岳父家。他的太太叫阿醜，據歷史記載，她是長得非常醜的一個女人，但是很有智慧。諸葛亮去他岳父家裡的時候，由於那時的女子是不能出來見客的，於是阿醜便躲在屏風後面。諸葛亮在外面跟他的岳父談軍事，談政治，談未來，談理想，談人生。阿醜看到諸葛亮談到孫權時眉開眼笑，談到曹操則面色沉重。等諸葛亮走的時候，阿醜出來送他，並送了一把扇子給他。

諸葛亮說：「為什麼送把扇子給我呢？」

阿醜說：「我看你跟我父親談話，談到孫權時眉開眼笑，談到曹操就面色沉重，所以把這把扇子送給你。從今以後，當你開心或不開心的時候，就把扇子放在臉上擋住你的表情，不要讓旁邊的人看見你的情緒。」

有智者說，適度地隱藏自己的思想和情緒是智慧的體現。如何將「喜形於色」變通為「不動聲色」，如何將淺薄、簡單，練就為胸有成竹，學會隱藏情緒是必須做到的第一步。所以，我們要學會隱藏自己的情緒，不但在得意時不能忘形，憤怒時也需要學會控制情緒。當然，這有一定的難度，說來簡單做來很難，但這是一種修為，對我們日後的處世很有好處。

當我們遇見事情的時候，要穩如泰山，這樣就更容易獲得他人對你的尊重。

作為世界女子網壇的知名選手薩芬娜，曾經在世界女子網壇排名第一，但之後每每決戰時刻卻總是自我繳械，多少讓人有些迷惑不解。

這是因為薩芬娜在心智上還不夠成熟，賽場上常充斥著薩芬娜沮喪、失落、憤怒摔拍的非理性場景。因為薩芬娜沒有很好地控制自己的情緒，在羅蘭加洛斯，薩芬娜曾被塞爾維亞美少女伊萬諾維奇直落兩盤。後又在澳洲網球公開賽上僅堅持一個小時就倒在了小威拍下，接著是〇比二不敵同胞庫茲涅佐娃。同樣被橫掃，薩芬娜得到了三個亞軍銀牌，這讓對手都為薩芬娜感到惋惜。

「她給自己施加了太多壓力。」庫茲涅佐娃說，「而我只是走進賽場，這只是另一場比賽。」庫茲涅佐娃在決賽前後都表現冷靜，薩芬娜又何嘗不想如此。然而決戰前，薩芬娜甚至還在有意給自己減壓：「我已經是世界第一，沒有人能從我這裡把它奪走，這讓我輕鬆了不少。」但是，年輕的薩芬娜還是沒能控制好自己的情緒，再次與大滿貫冠軍無緣。

確實，沒有一定的知識和閱歷的支撐，我們很難做到喜怒不形於色。然而，隱藏自己，喜怒不形於色卻是我們必須要學會的生存之道。

所以，在複雜社會中生活的我們，要懂得隱藏自己，控制自己的情緒，才能不辜負當下的各種努力。否則，過分的張揚只會為自己在成功之前招來不必要的麻煩，讓自己所有的努力毀於喜怒形於色的情緒。

八、容忍心態，接受他人缺點

世上沒有完美的人，只有完整的人。一個完整的人，有優點也有缺點。如果我們一味地揪住別人的短處不放，緊緊地窮追猛打，那麼實際上也是在用繩索套牢了自己。既然如此，我們就得學會接納別人的長處，也要學會接納別人的短處。學會了接納別人的缺點和短處，我們自身才會得到最大的釋放與自由，才會以更寬闊的胸襟，去包容身邊的每一個人。

《資治通鑒》中記載了這樣一個故事：

西元前三百七十七年，子思向衛侯推薦苟變時說：「以苟變的軍事才能，他可以統率五百乘的軍隊。」可是衛侯說：「我知道他是個將才，然而他在向老百姓收田賦時，曾白白吃過人家兩個雞蛋，所以不能用他為將。」子思進言道：「聖明的君主用人，好比木匠用木料，取其所長，棄其所短。所以，合抱粗的大樹，雖說爛了幾尺，但好木匠決不會因此而把它丟掉。現在，您處在戰爭紛起的環境中，需要選擇勇猛的武士，因為兩個雞蛋而丟棄捍衛社稷的大將，千萬不可讓鄰國知道啊！」

子思推薦茍變做將領，衛侯卻因為茍變過去為官收稅時吃了百姓兩個雞蛋而不用他。子思用「聖人之官人，猶匠之用木，取其所長，棄其所短」說明選人任官不可求全責備，而應「取其所長，棄其所短」，為我所用的道理，從而說服了衛侯，使茍變得以重用。

有這樣一位年輕人，畢業後分配到學校教書。學校裡有位這樣的老師，他嗜酒如命，有酒必喝，酒後必醉，醉後因為失控，常常鬧得人家整夜難安。由於這個缺點，很多人看到他都躲之不及，而只有這位年輕人，每次都能奉陪到底，並且盡力限制他酒後一切不合理的行為，還把他安全送回家中。

這位老師常常在與朋友相聚時，不知誰一句不經意的話，就會惹他大發雷霆，甚至推翻桌子、摔碎酒杯，或者突然說出幾句尖酸刻薄的話。後來，很多朋友都對他敬而遠之，只有這位老師依然同他保持著良好的關係。

有些人對年輕人很不理解，背後也常有微責之詞，甚至有人說：「能和那種人是好朋友，真是物以類聚，人以群分。」但不管別人怎樣理解，他總是說：「每個人都有自己的個性，每個人身上都有別人不喜歡的東西。但我們能成為朋友，那是因為我們身上都有各自喜歡的東西。為什麼我們不能容忍一個人身上的小缺點呢？」

其實，不管是與人相處還是其他的情況，面對別人的缺點，都要有包容的胸懷，不要因瑕掩瑜，不要只看到別人的缺點，卻看不到別人的優點。每個人都有長處，也有短處，不可能十分完美。對別人與自己的不同之處，要給以接納，不排斥，不藐視，只有這樣，才能得到別人的尊重和支援。那麼，該如何包容周圍人的缺點呢？

首先，要有一個博大的胸懷。能夠從容地對待所有的人生際遇，包括嘲諷、誹謗、妒忌、誤會等。

其次，要以尊重人的態度建立自己的人際關係。因為，每個人都值得我們尊重，但不要苛求別人的尊重。

再次，要誠信和公正。誠信和公正一樣，是我們在建立人際關係中一種必需的美德。沒有誠信，就會失去別人的信任，有公正才能維持人際關係的穩定和有序。公正是一種值得信任的力量。

最後，要幫助他人。善待別人，善意地幫助別人，在整個團隊中無疑會推動一種良好的互動關係，使自己始終處在一個和諧的環境中。

海納百川，有容乃大，接納他人的缺點會讓我們覺得腳下的路更寬，頭上的天更高。嘗試著接納，我們將不再畏懼。每一件事，不論是好是壞，總有其存在的價值，而人生的閱歷，正是由這些價值堆積而成的。

不知你是否關注過大雁南飛那種展翅齊飛的優美姿態，牠們總是排成「人」字或「一」字飛行，因為在這個團隊中，每隻鳥扇動翅膀都會為緊隨其後的同伴平添一股向上的力量。牠們團結合作，迎著狂風暴雨，直到成功到達目的地。多點寬容，相信在團隊合作中，每個成員都會充分發揚團隊精神，為大家平添一股向上的力量，這樣就一定能實現團隊和個人的共同成功。

九、不竭力和人競爭，不爭一時之短長

當今社會，競爭越來越激烈，人們的骨子裡都有著一種跟別人競爭的意識，有的人甚至不擇手段，但這樣是非常不好的。雖說生命的全部意義就是永不停歇地你追我趕，但是不要只想著竭力去和別人競爭。我們應該在乎的是，要比現在的自己強。對於成功，真正的標準只有一個，那就是我們自己。成功的定義也只有一個，就是超越自己。正如笛卡兒說，除了征服自己，我們在這個世界上並無其他使命。

猴子發現老虎向山上走去，心想，山上一定有鮮美的桃林，否則，老虎不會離開家園，不辭辛苦地向山上爬，我一定不能輸給老虎。

猴子抄近路，飛一般地搶在老虎前面。翻過一座山後，果然一片桃林出現在眼前。猴子怕老虎跟上來與牠爭吃桃子，趕快爬上樹把桃子全部搖落下來，藏在草叢中……

隨後，猴子躲在一旁的大樹後面，偷偷地觀察著老虎的行動，而老虎從這裡經

過時仍是一步一個腳印地走著。猴子心中又暗暗嘀咕起來：前面一定有更好的桃林，要不，老虎還會繼續前行嗎？

猴子又抄近路，飛一般搶在老虎前面。果然，又有一片更大更好的桃林出現在眼前。牠趕快搖落了樹上的桃子，藏在草叢中……

老虎仍然一步步向前走著自己的路。在一座四周極開闊的山頭上，老虎停下來，牠四下張望，山下所有動物的活動都盡收眼底。牠選準了自己要獵取的目標、角度、時機，飛速地撲了下去……

這時，躲在不遠處偷看的猴子才明白，原來，老虎所要尋找的並不是桃子，於是，猴子趕快順著原路往回跑。可是，藏在草叢中的一堆堆桃子已經被螞蟻、蟲子糟蹋得不成樣子，有的已被別的動物搬走了，有的已被雨水浸爛了。自己的一時之爭真是沒有必要。

約翰對朋友說；「我想去醫院看看牙，你去嗎？」

朋友說：「我沒有壞牙，你還是自己去吧。」

「我也沒有，但彼德有。我想跟他比一比。」

以上雖是一則笑話，但還是深刻揭露了現實生活中存在的一些問題。在現代社會，一個人不敢競爭自然不是好事，但要是競爭心太重，就會發展為自負心理，當自負的心情遭到重創後又會變成灰心。因此說，有競爭心雖是好事，一旦得到機遇將會如魚得水，但競爭心過強卻往往容易遭到打擊而變得一蹶不振。

小青蛙聽爺爺講了一個關於牠們祖先的故事：「從前，有一隻青蛙，一天，牠遇到了一頭公牛。這隻青蛙看到公牛的個頭比自己大那麼多，心中十分不服氣，決定與公牛比一比。但是，無論這隻青蛙如何吸氣使自己的肚皮盡量大，還是比公牛小很多。青蛙不甘心失敗，終於把肚皮撐得爆裂而死掉。」

爺爺給小青蛙講完這個故事後，語重心長地說：「這是祖先留下的血的教訓，是我們青蛙家族任何一個成員都必須要記住的深刻教訓。我們一定要引以為戒，不能再犯同樣的錯誤。」

小青蛙聽完爺爺講的故事後，把爺爺講給牠的故事又講給小夥伴們聽。講完之後，小青蛙詢問大夥兒道：「你們相信這個故事嗎？」

剛問出口，小夥伴們就開始七嘴八舌地議論開來。有的青蛙說：「不相信，這些都是人類瞎編亂造出來侮辱我們青蛙的。」還有的青蛙說：「我們青蛙才不會這麼笨呢。」有一隻青蛙毫不客氣地對講故事的小青蛙說：「你爺爺是個老糊塗，這樣的鬼話也相信，還四處傳播，真給我們青蛙丟臉。」

「既然你們不信，我倒想見識一下，誰有膽量在這裡當場試一下？」

話音剛落，那隻說爺爺壞話的青蛙站了出來，自信地說：「我來試一下。」說完，猛吸了一口氣，肚皮比原來大了一倍。在場的所有青蛙全都瞪大了眼睛看著這驚險而又刺激的一幕。青蛙的肚子裡有一個氣囊，能夠保存住吸入的氣體，所以肚子能夠變得很大。這隻青蛙以為自己還能吸進去更多的氣，於是又猛吸了一口氣，結果，牠的肚皮實在無法承受如此多氣體的壓力而最終被撐爆。

青蛙終究是沒有聽從爺爺的教誨，在好勝心的驅使下硬要挑戰極限，最後付出了生命的代價。看來，竭力和人競爭並非是好事。在日常生活中就是這樣，大家實在不該把精力浪費在無謂的竭力競爭中，那樣，反而會使自己失去一些原本可能得到的成果。有位大智者告誡他的弟子們要有心胸，要有遠大的眼光與志向，不要爭一時之短長，他說：「老鷹有時會比雞飛得還低。」

莊子曾講過與此相關的故事。一般來講，釣小魚蝦的人，喜歡扛著釣竿，跟著感覺東奔西走，或是池邊，或是河邊，或是湖邊，歡樂笑鬧，天天有所小得。但是某王子卻有大志向，他選擇在海邊釣海魚。他的釣鉤像大鐵錨，釣繩像水桶一樣粗。他長年累月地坐在海邊的山上垂釣，無論風吹雨打，一坐十年無所獲，別人都覺得這個人怪。而十年過去了，王子終於釣到一條大魚，他把魚弄上岸，分割開來，讓全國人都能享受魚肉的鮮美。

莊子講這個寓言就是告訴我們不要爭一時之長短，大收穫必須付出長時間的努力與等待，不爭一時之長短。還有一層意思是說，真的不和假的爭，形勢不利時要善於退讓。有時候，不和別人競爭，也意味著你要對別人寬容，放過別人一馬，也就是為自己的生命鬆一鬆發條。所以，我們不用時時刻刻與別人競爭，也不必事事競爭，要把眼光放長遠，這樣才能有更大的收穫。不要時刻與別人計較，放過別人，也是放過自己，這樣，生命才能更輕鬆、更精彩。

第五章

空杯心境，虛懷若谷

生活就是一杯水，儘管杯子的華麗程度因人而異，但杯子裡的水卻是清澈透明，無色無味，對任何人都是一樣。我們有權利選擇加鹽、加糖等各種調料，但若添加的成分太多，裝得太滿，就會令水溢出。於是，我們就常常看到一些人開始自怨自艾，感歎命運的不公，也常看到有人不可一世，自命不凡。

月有陰晴圓缺，人有悲歡離合，人生就是這般，酸甜苦辣鹹，五味俱全。然而，月亮不會因為你的哀歎而晚一刻爬上樹梢，已逝的人也不會因為你的哭聲而重回身邊。情緒操縱術告訴我們：當我們無法左右現實時，可以左右自己的心情，學習禪宗的「空杯心境」，才能虛懷若谷，保持一顆快樂的心。

一、擁有空杯心態，隨時從零開始

常言道：「虛心人萬事能成，自滿人十事九空。」自滿是成功的大敵，在通往成功的道路上，每當實現了一個目標時，絕不應驕傲自大，而是要繼續迎接新的挑戰。把曾獲得的成功當成下一個成功的起點，從而到達嶄新的人生境界。這裡就涉及一個空杯心態。那麼，什麼是空杯心態呢？

從前有一位有名的南隱禪師。一天，一個佛學造詣很深的人前去拜訪他。進門的時候，他的態度很是傲慢，心想：我是佛學造詣很深的人，你哪有資格與我一起談論佛理？

老禪師十分恭敬地接待了他，並親自為他沏茶。這個人喋喋不休，以顯示自己的淵博。南隱禪師默默無語，繼續沏茶，可是在往杯子裡倒水時，明明杯子已經滿了，老禪師還是不停地倒。

這個人不解地問：「大師，為什麼杯子已經滿了，還要往裡倒？」大師說：「是啊，既然已經滿了，為什麼麼還繼續倒呢？」

禪師的意思是，既然你覺得自己已經很有學問了，為什麼還要到我這裡求教？

這就是「空杯心態」的來歷。象徵的意義是：如果想學到更多的學問，就要隨時對自己擁有的知識和能力進行清理，也就是要把自己想像成一個空著的杯子，隨時從零開始，而不是驕傲自滿。

我們從小就學習了「虛心使人進步」，只是學的東西越多，受的教育越高，很多人就慢慢忘卻了這句話。當今社會，人們更多是在關注自己得到了什麼，怎麼才能更好地抓住現在擁有的，再去得到更多。但如果總是抓住已有的不放，不能隨時給自己歸零，還怎麼去迎接新的挑戰和成功呢？

當然，「空杯心態」並不是要你一味地否定過去，而是要懷著放空過去的一種態度，去融入新的環境，對待新的工作，新的事物。

聞名世界的超級巨星，球王貝利，是一位不斷創新的足球天才。

每一次觸球，每一記傳球，每一回盤球，貝利總能為球迷帶來一些前所未有的鏡頭。憑藉對射門良機的敏銳把握，洞察絕妙傳球的犀利目光和傳奇般的盤球技藝，貝利成了最優秀的足球運動員。

在二十多年的足球生涯裡，貝利參與過一三六〇場比賽，共踢進一二八〇個球，並創造了一個隊員在一場競賽中射進八個球的紀錄。超凡的技藝不只令萬千觀眾心醉，而且常使球場上的對手拍手稱絕。貝利不只球藝高超，而且談吐非凡。當他個人進球記錄滿一千個時，有人問他哪個球踢得最好？貝利笑了笑，意味深長地說：「下一個。」回答既含蓄又耐人尋味，就像他的球藝一樣精彩。

對我們每個人而言，永遠不要把過去看得很重要，永遠要從現在開始，迎接新的勝利。當「歸零」成為一種常態，一種延續，一種不斷的努力時，也就完成了個人職業生涯的全面超越。

空杯心態就是忘卻勝利，隨時從零開始。當你被讚揚包圍時要警醒，在鮮花和掌聲面前要保持一顆平常心。任何人都有自己的不足之處，空杯心態就是要求你正視自己，彌補自己的不足，繼續前行。

人生是一場盛宴，絕不只是一道好菜。如果因為取得了一點小成績就驕傲自大、沾沾自喜、半途而廢，是不會有更大的成就的。

據說，很久以前，知了是不會飛的。一天，知了看見一隻大雁在天空自由自在地飛翔，十分羨慕，於是就請大雁教牠飛翔，大雁愉快地答應了。

大雁看了看知了那對又小又薄的翅膀說：「你這種翅膀，不適合馬上學飛，要先鍛鍊翅膀，把翅膀練結實了，才能學飛。不然翅膀會折斷的。」知了問：「那怎樣鍛鍊翅膀呢？」大雁回答說：「我會教你做一套翅膀操，牠將根據你翅膀的長度不斷變化。」

學飛十分辛苦，撞到樹上碰頭是再平常不過的事了。花了幾天時間，大雁把飛翔的原理、技巧、要領等耐心地講給知了，但是知了總是靜不下心來，不是東張西望，就是跑來跑去，不然就是沒聽幾句就不耐煩地說：「知了！知了！」

大雁讓知了試飛：「你現在爬到樹上，然後跳下來，邊跳邊做翅膀操。」知了做著做著，發現自己居然能飛三丈高了，欣喜不已，心想，學飛原來這麼容易。然後就驕傲起來，對大雁說：「我已經會飛了，不用你再教我了！」說完就飛走了。

自從知了會飛以後，就懶得繼續練習，成天在樹上「知了、知了」地叫，生怕別人不知道牠會飛了。

秋天到了，大雁該遷徙了，牠要飛到溫暖的南方去過冬。知了也想跟大雁一起去，像大雁那樣展翅高飛，可是不管牠怎麼用力撲打翅膀，就是飛不高。知了望著已經在萬里長空飛翔的大雁，十分懊悔，可是為時已晚。直到現在，知了都飛不高。

在我們的求學、工作和生活中，只要你感覺自己「知了」，恐怕有一天也要像知了那樣後悔。驕傲自滿會使我們目光短淺、故步自封。

空杯心態就是捨棄自己曾經的榮耀，這也是對自己的一種否定。只有清空之後，才能重新獲得更多。但否定別人不難，否定自己卻需要很大的勇氣，唯有捨棄過去，從零開始，才能找到自己的不足和差距，看清要努力的方向。

人要擁有空杯心態，隨時可以從零開始。如果總是守著自己的過去，就會陷入孤芳自賞的境地，成為孤陋寡聞、不思進取的井底之蛙。即使你曾經非常成功，但是這已經成為過去了，新的事物和環境在不斷變化著，我們自然要不斷學習。正視自己，捨棄過去，清空充溢了你過去的「杯子」，才能繼續前行，否則，倒不出，裝不進，自然也就停步不前了。

二、和昨天的成就說一聲「拜拜」

在現實生活中，很多人透過辛苦經營獲得了成就和榮譽，但之後他們便失去了鬥志，只沉醉於昨天的成就和榮譽，認為擁有了成就就可以高枕無憂，就可以避免遭遇失敗。這種想法和做法是錯誤的，會阻礙個人的成長。

因為，昨天的成就只能說明你曾經努力了，到達了一個高峰。但人生不止一個高峰，在攀登者的心目中，下一座山峰才是最有魅力的，因此他們總是不斷尋覓更高的「山峰」。而抱著昨天的成就不放，就無法全身心投入，向新的成就邁進。當你再次取得更大的成就時，就會發現昨天的成就是那麼渺小，根本不值得自己留戀。

在成就面前，要保持清醒的頭腦，人往往在取得成就後，就目空一切，覺得自己高人一等。而事實上，如果被成就的榮耀沖昏了頭，那昨天的成就很可能就是你獲得下一個成就的絆腳石。

福特汽車公司歷史悠久，早在二十世紀初便成了世界上最大的汽車公司之一。

它的創始人亨利．福特是世界上唯一享有「汽車大王」美譽的人，他不但給美國裝上了車輪子，甚至可以說，他將人類社會帶入了汽車時代。

福特創辦了福特汽車公司。依靠吸收過來的傑出管理專家和機械專家，使福特公司聞名世界。獲得極大成功以後，福特開始忘乎所以，沉醉於自己獲得的成就。以為公司的成功都是自己的功勞，逐漸聽不進別人的意見，使眾多優秀人才紛紛離去。

隨著美國經濟的迅速發展，人們的需求也發生了巨大改變，可是他依舊生產以前的舊車型。舊車型不僅顏色單調，而且耗油量大，排氣量大，完全不符合時代發展的需求。此時，其他幾家公司則緊跟市場需求，制定了正確的戰略規劃，生產節能低耗、小型輕便的汽車。

福特公司開始每況愈下，瀕臨破產。一九四五年，老福特的兒子小福特接過了危難中的公司。他重新聘請了一批管理精英，重整旗鼓，使公司起死回生，再次達到新的高峰。但有了成就以後，小福特沒有吸取老福特的教訓，總認為自己是至高無上的，使得公司內人人自危。二十世紀八〇年代初，小福特不得不黯然離開福特公司。

無論是老福特還是小福特，他們都曾擁有偉大的成就，但卻因為過多沉醉於昨天的成功，而導致了最後的失敗。要知道，昨天的成功並不是奮鬥的終點，而是向下一個成就奮鬥的起點。兩代福特都沒有認識到這一點，結果讓自己毀於昔日的成就。

有許多人之所以失敗，不是因為他的能力不夠，努力不夠，而是因為他覺得自己已經獲得了極大成就，被成就沖昏了頭腦，迷失了方向。

有時候，太多的榮譽可能成為你的負擔。雖然說有了榮譽會讓你受人尊敬、滿足自尊、出盡風頭。可是，也不要太看重榮譽，否則你會被榮譽壓得很累，以至於無法向新的勝利衝刺。

在森林裡舉辦的長跑比賽中，一匹駿馬獲得了冠軍。這得益於牠賽前的長期苦練，才可以在比賽中盡顯優勢，一鳴驚人。

贏得冠軍以後，牠就不再練習長跑。看到其他馬練習，就嘲笑牠們，認為牠們再努力也超不過自己。牠也失去了以往平靜自在的生活，牠的應酬開始增多，大家邀請牠出席各種場合，給予牠最好的禮遇和讚美。在讚美中，牠感覺輕飄飄的。

對送來的一切禮物，牠來之不拒。猴子給牠送來了黃金馬掌，又大又厚，每個有一斤多重。牠穿上以後，每走一步都能發出動人的音樂；狐狸把牠的馬鞍換成了用珍珠金線編織成的華麗的馬鞍，披在背上閃閃發光。牠也覺得自己不再是一匹平常的馬了，牠找鐵匠打製了一個圓圓的鐵盒子把獎牌裝著，用五彩的錦繩掛在脖子上，就這樣風光地出入在各種隆重的場合。

很快，一年一次的森林運動會又開始了。雄心勃勃的牠再次參加了比賽，牠以為自己仍是冠軍，對其他的馬不屑一顧。但是牠萬萬沒有想到，沒跑多久，就氣喘吁吁了。身上的馬鞍、腳上的金馬掌和脖子上的鐵盒子讓牠力不從心，牠實在跑不動了，只好停下了，身邊只有呼嘯而過的其他駿馬。此刻牠還在嘀咕：牠們不可能超過我的。

贏得冠軍以後，這匹馬就被榮譽和成就沖昏了頭。忘了自己的本職，不再去努力。牠停止不前的時候，其他馬卻沒有放棄努力，最終超越了牠。試想，如果牠能夠在榮耀面前保持清醒，不忘記自己的本職，不放棄練習，也許牠還會是比賽的冠軍。可是哪有「也許」？機會是不等人的，與其後悔，不如輕鬆地和昨天的成就說「拜拜」。

有些人一旦獲得一點成績就沾沾自喜，把自己放在一個與眾不同的位置，整天陶醉在過分良好的自我感覺中。殊不知，對於更大的成績來說，既有的成績也只是一個起點。抱著已有的成績不去努力，結果，常常會因為承受不了「高度」帶來的眩暈而重重地摔下來。

生命有限，人生的價值卻可以沒有終結，讓我們把自己的每一步都看作是新的起點。這樣，我們就可以從容地面對生活，真正做到寵辱不驚、得失泰然。在榮耀顯赫時持有一份應有的清醒與冷靜，以免讓自己現有的成績成為我們繼續攀升的負擔和阻力。唯有如此，我們才能創造更加輝煌的成績，擁有更加輝煌的人生。

三、發現並看到自己的不足

《伊索寓言》裡說：當初普羅米修斯造人，讓每個人的身上掛兩隻口袋，一隻裝別人的缺點，掛在胸前；另一隻裝自己的缺點，掛在背後。結果，人人只要一低頭就能看見別人的缺點，而對自己的缺點卻很難發現。

「金無足赤，人無完人。」人都是有缺點的。善於發現自己的缺點，並及時地去彌補自身的不足，才是一種聰明之舉。在現實生活中，每個人都會有這樣或那樣的不足，重要的是發現並看到自己的不足，然後透過努力去逐步完善。

世界上沒有十全十美的人，每個人都有自己的優點和長處，也有自己的缺點和不足。之所以有些人在自我完善中得到了發展，而另外一些人卻在腐化墮落中逐漸消沉，關鍵就在於一個人對待自己的缺點和不足的態度。是選擇正視還是選擇逃避？是選擇積極改正還是選擇任其自由發展？這是擺在每個人面前的一個重大問題。這個問題關乎一個人能否實現自身發展，能否使自己不斷進步。每個人都應該重視這個問題，並作出明智的選擇。

正視自己的缺點和不足，可以分為兩個階段：第一階段是尋找和發現，第二階段是努力改正。第一階段是第二階段的前提和基礎，也是一個人正視自己的缺點和不足的關鍵和難點。許多人並非不想改正缺點和不足，而是一直沒有發現它們。這些人一直停留在第一階段，而始終沒有超越。然而，與其說他們不能發現自己的缺點和不足，倒不如說他們沒有積極主動地去尋找、去摸索。突破了第一階段，第二階段就相對容易多了。只要你有正確的態度和足夠的勇氣，這一階段就能輕鬆跨過。跨越這兩個階段，你就邁上了一個新的台階，實現了自我完善與發展。

發現自己的缺點和不足並非易事，只要我們認真對待，不斷摸索，不斷尋找，還是可以找到的。而面對自己的不足時，我們不要刻意迴避，更不能諱疾忌醫，不但要敢於承認、正視，更要有勇氣和信心予以彌補。如果這樣堅持下去，日積月累，在不斷地發現——彌補——發現的過程中，相信總有一天會看到更加完美的自我。

幾年前，經營小本農具生意的阿爾法過著平凡的生活。他一家人所住的房子太小，沒有足夠的錢買他們想要的東西。對這一切，阿爾法的妻子並沒有抱怨，很顯然，她只是安於天命而並不幸福。

但阿爾法的內心深處對自己的現狀很不滿意。當他意識到愛妻和他的兩個孩子並沒有過上好日子的時候，心裡就感到深深的愧疚。

但是後來，一切都改變了。現在，阿爾法有了一所佔地二英畝的漂亮新家，他和妻子也不用再為孩子上大學而擔心了，他的妻子在買各種用品的時候也不再感覺心疼了。時不時地，他們全家還會去歐洲度假。與以前相比，阿爾法的生活有了全面的改觀。

五年以前，阿爾法聽說在底特律有一個經營農具的工作，他決定去試試，希望賺得多一點。阿爾法是在星期天的早晨到達底特律的，但公司與他約定的面談時間是星期一。晚飯後，他坐在旅館裡靜思默想，突然覺得自己是多麼的可憎。「這到底是為什麼？」他問自己「為什麼我這麼失敗？」

阿爾法不知道那天他為什麼這麼做：他取了一張旅館的信箋，寫下幾個他非常熟悉的、在近幾年內獲得的成就遠遠超過他的人的名字。其中兩個原是鄰近的農場主，現已搬到更好的地區去了；其他兩位阿爾法曾經為他們工作過；最後一位則是他的妹夫。

他琢磨著：這五位朋友擁有的優勢是什麼呢？他把自己的智商與他們作了一個比較，阿爾法覺得他們並不比自己更聰明，而他們所受的教育，他們的個人能力等，也沒有什麼特殊的優勢。終於，阿爾法想到了另一個成功的因素，那就是主動性。阿爾法不得不承認，他的朋友們在這點上勝他一籌。

當時已是深夜，但阿爾法的腦子卻還十分清醒，他第一次發現了自己的不足。他深深地反思自己，發現缺少主動性是因為他並不看重自己。

阿爾法徹夜未眠，回憶著過去的一切。從他記事起，阿爾法便缺乏自信心，他發現過去的自己總是在自尋煩惱，總是認為自己什麼都不行。終於，阿爾法明白了：如果自己都不信任自己的話，那麼將沒有人信任你。

於是，他決定：「我一直都把自己當成一個二等公民，從今以後，我再也不這樣想了。」

第二天上午，阿爾法仍保持著那種自信心。他暗暗以這次與公司的面談作為對自己自信心的第一次考驗。在這次面談以前，阿爾法希望自己有勇氣提出比原來的薪資高七五〇美元甚至一千美元的要求。但經過這次自我反省後，阿爾法認識到了他的自我價值，因而把這個目標提到了三五〇〇美元。

結果，阿爾法達到了目的，後來經過更多的努力，他獲得了成功。

阿爾法發現了自己的不足，並積極去彌補自己的不足，最終實現了自己的人生目標。

要知道，人本身就是帶著不足來到這個世界上的。面對不足，不要失落、歎息，而要給予正視。畢竟，人生的旅程就是不斷改掉不足、完善自我的過程，因此，能清楚地認識自身的不足並主動去彌補是很有必要的。

四、經驗不是永遠正確的

經驗，就是從已發生的事件中獲取的知識。不可否認，由已經發生的事情而獲得的知識可能是正確的，它會正確地指導我們以後的生活。但如果獲得的經驗是錯誤的，而你卻把它當作正確的來傳承時，又會有怎樣的結果呢？經驗猶如一把雙刃劍，我們在善於累積成功經驗的時候，也要謹防在不經意間累積犯錯誤的「經驗」，以免被自己不知不覺磨出的毒劍所傷害。

對每個人而言，都不要被之前的經驗所束縛。如果跳不出經驗的束縛，就會任現實擺佈，甚至喪失自己的天性。一旦跳出錯誤的經驗，就會發現原來自己可以如此強大。

有一對新婚不久的夫婦。一天，妻子讓丈夫去肉店買火腿，丈夫很快就買來了。妻子一見到火腿就很生氣，問丈夫為什麼不叫店主把火腿的末端切下來。丈夫很奇怪，問她為什麼要這樣做，妻子說她的母親就是這樣做的，這就是理由。

第二天，恰好岳母來看他們，小倆口就問她為什麼總是切下火腿的末端。母親回答說，因為你們的外婆就是這樣做的。

為了解開這個謎團，三個人一起去拜訪外婆。外婆聽了他們的問題，差點笑出了眼淚，她說，她之所以切下火腿的末端，是因為當時她家裡的烤爐太小了，放不下整隻火腿……

原來，被家族幾代人遵守的規矩，居然是由一台或許早已不見蹤跡的小烤爐引起的，這個笑話反映的正是傳統與經驗的力量。經驗在延續的過程中成為一種傳統，甚至是權威。然而，甚至是這種成為權威的經驗也並不都是正確的。

經驗不會永遠都是正確的。環境在改變，條件在改變，一切都在不斷的變化中。所以，我們要延伸以前的經驗，參考以前的經驗，針對現在的環境條件以及自身能力，作出恰合時宜的改變，不能一味地陷入固定思維，被經驗所束縛。

完全照搬經驗，會砸到自己，所以我們要靈活地運用經驗。如果一切經驗都可以照搬，人類就不會發展，社會就不會進步了。因此，在很多時候，我們要付出巨大的代價去嘗試，去改變，甚至是去否定曾經的經驗。

從前，有一個賣草帽的人，在生意清淡的中午靠著一棵大樹打盹，等他醒來時，發現身旁的帽子都不見了。慌了神的他抬頭一看，樹上有很多猴子，每個猴子的頭上都有一頂草帽，牠們在對著他傻笑。他很驚慌，因為如果不把帽子拿回來賣掉，他就無法養家糊口。

突然間，他想到猴子很愛模仿別人。他就試著撓撓頭，果然，猴子也跟他撓頭，他拍拍手，猴子也拍手。機會來了，他趕緊把頭上的帽子拿下來丟在地上，猴子們一看，也將帽子紛紛都丟在地上，賣帽子的高高興興地撿起帽子回家去了。到家之後，他將今天發生的這件奇特的事得意地講給了他的兒子和孫子。

很多年以後，他老了，孫子繼承了賣帽子的家業。有一天，在賣帽子的途中，他覺得累了，就想休息一下。他也跟爺爺一樣在大樹下睡著了，醒來之後發現帽子也全被猴子拿走了。看著猴子得意的樣子，孫子不急不躁，打算用爺爺告訴他的辦法拿回帽子。於是他用手撓撓頭，猴子們果然也跟著撓撓頭，他又拍拍手，猴子們也跟著拍拍手。他暗自佩服爺爺的聰明和智慧，認為這招太管用了。

最後，他也摘下帽子丟在地上，可是奇怪了，猴子竟然沒有跟著他做。一個猴子不僅將他丟在地上的最後一頂草帽拿走了，還到樹上吹口哨嘲笑他。孫子氣惱地一屁股坐在地上，大罵這些刁鑽的猴子。這時，一隻老態龍鍾的猴子來到他身邊，牠拍著孫子的肩膀語重心長地說：「小夥子，不要生氣！你也不想想，你以為只有你有爺爺嗎？」孫子頓時無語了。

孫子為什麼不能像爺爺當年那樣拿回被猴子搶走的帽子呢？道理很簡單，因為他呆板地套用了爺爺的經驗，而很多年過去了，時代變了，環境也變了，唯獨他絲毫沒有改變。拿著很久之前的經驗對待現在的猴子，當然不會如願以償，反而會被猴子嘲笑。

在現實生活中，人們總是跳不出經驗的圈套，總覺得以前可以用，現在也仍舊可以用，不能夠及時地否定經驗，甚至讓一些最大膽的幻想都打上了個人經驗的烙印。

況且，成功的經驗大體相似，但失敗的理由卻五花八門。別人介紹的成功經驗，大多是經過理性思考、系統歸納的，條理化、概念化，使人一看便知，但有時學起來怎麼也不靈。究其原因，這些經驗是不完整的、不具體的，因為成功與失敗猶如一枚硬幣的兩面，我們光看正面，並沒有看到反面。外行看熱鬧，內行看門道。真正的行家裡手，能從對手的出招中找到破綻，從而找到化解之妙法。如果一味地按別人的經驗去做，大都是畫虎類犬。所以，請相信，經驗並不總是正確的。

歷史在發展，社會在進步。在時代發展的進程中，會遇到很多新的問題，會遇到很多意想不到的新鮮事物，這就要求我們不能完全照搬以前的經驗。對以前的經驗，在利用、借鑒的基礎上，要加以延伸、更新，才不會被經驗束縛，才能讓經驗更好地發揮作用。

五、不要驕傲，以免陷入失落的情緒中

曾經有這樣一句話：「力量越大，責任越大。」很多人都喜歡這句話，許多人都因為自己能為社會、為他人貢獻很多而驕傲無比。可是，生活中也有很多人卻總是因為一些對小事情的處理不當或者遭受挫折而陷入到一種失落的情緒當中，不能自拔。

有時，自以為值得驕傲的事，在其他人眼裡卻不屑一顧。當發現自己引以為豪的原來根本不值得驕傲時，難免會陷入失落的情緒中。

從前有一隻力氣很大的螞蟻，牠能夠毫不費力地背上兩顆麥粒。要說勇敢，牠也毫不含糊：牠能像老虎鉗似的一口咬住蛆蟲，而且常常單槍匹馬地和一隻蜘蛛作戰。不久牠就在蟻穴之內聲名大噪，螞蟻們閑下來討論的話題幾乎都是牠。

久而久之，這隻螞蟻大力士變得驕傲起來，頭腦裡塞滿頌揚的話，因此牠一心想到城市裡一顯身手，到城市裡去博得大力士的名聲。有一天，牠爬上最大的乾草車，坐在趕車人的身旁，像個英雄似的昂首挺胸進城去了。

然而，充滿自信、滿腔熱情的螞蟻大力士在城裡碰了一鼻子的灰。牠以為人們會從四面八方趕來看牠多麼有力，可是不然，牠發覺根本沒人理會牠：城裡人個個都在忙著自己的事情，匆匆從牠身邊走過。螞蟻大力士覺得應該做點什麼才行，牠找到一片樹葉，在地上把樹葉拖來拖去；牠機靈地翻筋斗，敏捷地跳躍，可是沒有人瞧牠一眼，更沒有人注意到牠的表演。當牠費了半天勁、盡其所能地耍過了武藝卻無人關注後，便怨天尤人地說道：「我覺得城裡人都是糊塗和盲目的，難道是我不可理喻嗎？我表演了種種武藝，怎麼沒有人給我以應得的重視呢？如果你們去我們那裡，我想你們就會知道，我是大力士，我在全蟻穴是赫赫有名的，所有的螞蟻都佩服我。」然而，就算牠再怎麼抱怨，也沒人理會牠，牠覺得很失落，感覺所有的讚美和榮耀都離牠而去了，牠已經不再是一個大力士，而就是一隻很平常的螞蟻。

螞蟻大力士自以為名滿天下，受到挫折後才知道自己的名聲僅僅限於蟻穴的範圍而已。離開蟻穴，牠就失去了驕傲的資本。

驕傲之人，如果不能使自己保持頭腦冷靜和思維敏銳，也就不能最大限度地瞭解困難和不利條件。驕傲之人，目中無人，自以為是，在通往成功的路上也會處處受阻。你可以偶爾地自豪，但不能驕傲，要知道，真正的自豪感來自於對自己的理解，這是一種由成功和謙恭結合而成的幸福。

驕傲之人高估自己，低估別人。一般說來，驕傲之人或多或少都擁有一些特長，會覺得自己有高人一等的優越條件，因此高高在上，兀自陶醉於「一覽眾山小」的壯景豪情中。然而，人生最可怕的就是身處險峰而高視闊步。只謂天風爽，不見峽谷深，這正是人們驕傲時的典型情境。

做出重大貢獻後，不要無視他人，驕傲自大，這樣會讓你失去好的人緣，沒有好的人緣，你就會處處碰壁。

約翰是一家公司的管理人員。在公司遭遇退貨、瀕臨倒閉，公司高層們急得團團轉而又束手無策時，他站了出來，提供了一份調查報告，找出了問題的癥結。此舉解決了公司的難題，還使公司的業務大有轉機。

因工作出色，老總很重視他，約翰成了全公司的得力骨幹。憑著自己的智慧和膽略，他又為公司的產品打開國內市場立下了汗馬功勞。他兩年內為公司賺得數千萬利潤，成為公司舉足輕重的風雲人物。躊躇滿志的約翰，以為銷售部經理一職非自己莫屬。然而，他卻沒有被升職。本來公司董事會要提拔他為主管銷售的副總經理，但在提名時卻遭到人事部門的強烈反對，理由是各部門對他的負面意見太多，比如不懂人情世故、看不起別人、驕傲自大……讓這樣一個人進入公司的決策層是不適宜的。

就這樣，他與銷售部經理一職擦肩而過，約翰只好拱手交出自己創建並運作成熟的國內市場。這就好比自己親手種下的果樹，結的果子被別人摘走一樣，他非常難過和不解。他不明白公司為什麼會這樣對待自己。自己到底錯在哪裡？後來，看他如此痛苦，一個同情他的朋友悄悄告訴他，因為他平時驕傲自大，看不起身邊的人，所以沒有好的人緣，沒人支持他。

有一次，他出去為公司辦理業務，需要一筆匯款，但在緊要關頭卻遲遲不見公司的匯票，使得業務活動「泡湯」，令他很難堪。實際上，這是一個出納員給他穿了一次小鞋。因為，平時他根本沒有把這位出納放在眼裡。還有一次他在外辦事，需要公司派人來協助，卻不料，人還在路上就被撤回去了。原來是一些資格較老的人覺得他很「狂妄」、「目中無人」，在工作上從不與他們交流……所以想盡辦法扯他的後腿，故意讓他的工作陷入困境。想到這一切，又想想自己工作的勤勤懇懇，為公司立下的汗馬功勞，約翰不由得感到失落。可這一切又能怨誰呢？

儘管他工作業績出色，對公司也是盡心盡力，但他驕傲自大，目中無人。那些他不來往的，又不放在眼裡的人，平時早就看不慣他了，在關鍵時刻就故意壞他的大事，阻礙他在公司的發展和成功。所以說，人不能太驕傲，太驕傲就會成為大家的公敵。而且，一個受人排斥的人，失落也是難免的。

人不可驕傲，一旦驕傲，又不懂得及時收拾，將會不利於自己。驕傲之人過於自信，根本聽不進任何聲音，自覺高人一等，說起話來音調高亢，無論什麼場合，只顧自己誇誇其談，不聽他人的意見，就像人們常說的「一鳥入林，百鳥壓音」。自認為所說的話就是真理，聽不進別人的勸說和見解，更聽不進他人的不同意見。覺得自己很偉大，卻不知自己早已被周圍的人孤立了。

所以說，做人不能太驕傲，否則只能一個人咀嚼失落，而不會有更好的發展。

做出重大貢獻後，不要無視他人，驕傲自大，
這樣做，除了讓你失去好人緣外，沒有任何好處，
沒有好的人緣，你就會處處碰壁。

華志文化嚴選　必屬佳作

痠痛革命
NT：300

你不可不知的防癌抗癌100招
NT：300

自我免疫系統是身體最好的醫院
NT：270

美魔女氧生術
NT：280

你不可不知的增強免疫力100招
NT：280

節炎康復指南
NT：270

名醫教您：生了癌怎麼吃最有效
NT：260

你不可不知的對抗疲勞100招
NT：280

食得安心：專家教您什麼可以自在地吃
NT：260

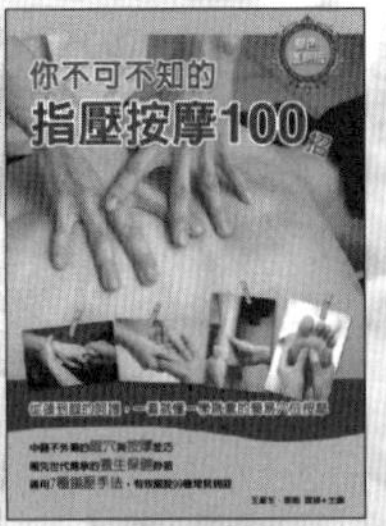

你不可不知的指壓按摩100招
NT：280

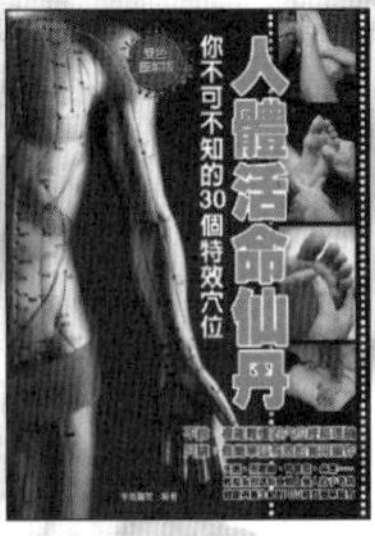

人體活命仙丹：你不可不知的30個特效穴位
NT：280

嚴選藥方：男女老少全家兼顧的療癒奇蹟驗方
NT：280

健康養生小百科好書推薦

圖解特效養生36大穴
NT：300（附DVD）

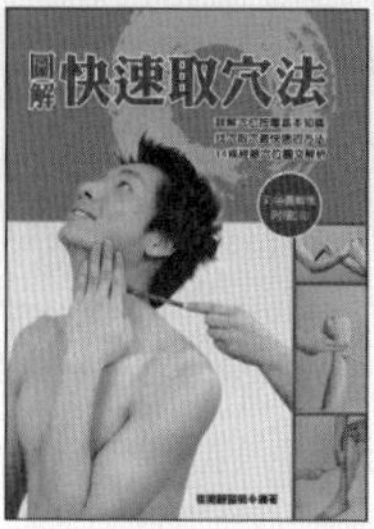

圖解快速取穴法
NT：300（附DVD）

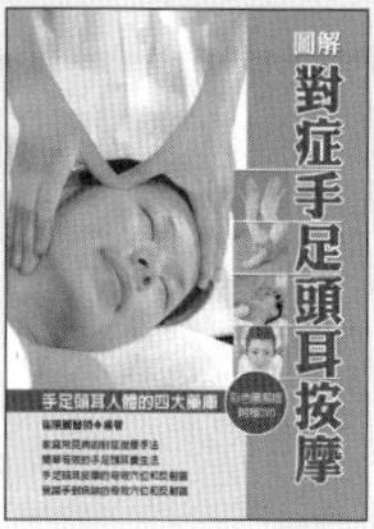

圖解對症手足頭耳按摩
NT：300（附DVD）

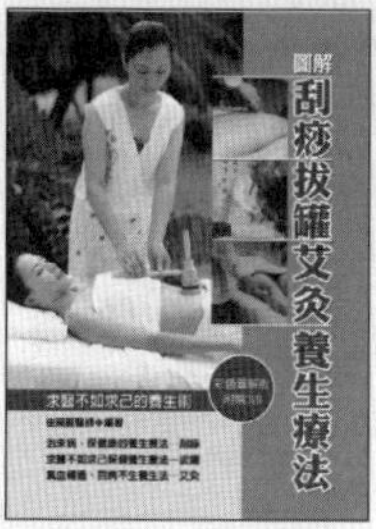

圖解刮痧拔罐艾灸
養生療法
NT：300（附DVD）

一味中藥補養全家
NT：280

本草綱目食物養生圖鑑
NT：300

選對中藥養好身
NT：300

餐桌上的抗癌食品
NT：280

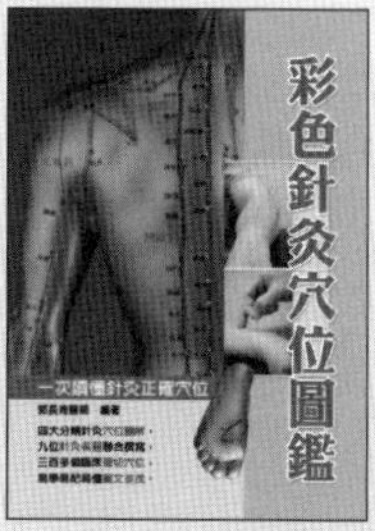

彩色針灸穴位圖鑑
NT：280

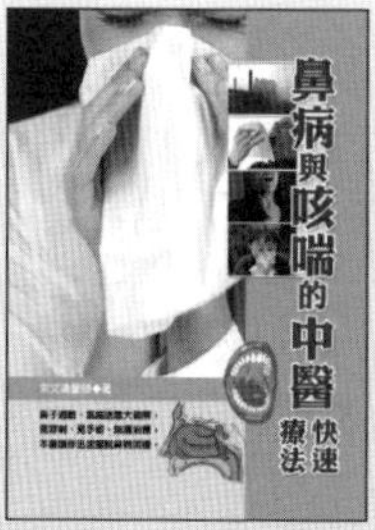

鼻病與咳喘的中醫
快速療法
NT：300

拍拍打打養五臟
NT：300

五色食物養五臟
NT：280

每個人都要會的幽默學

NT：280

潛意識的智慧

NT：270

10天打造超強的
成功智慧

NT：280

捨得：人生是一個捨與得的歷程，不以得喜，不以失悲

NT：250

智慧結晶：一本書就像一艘人生方舟

NT：260

氣場心理學：10天引爆人生命運的潛能

NT：260

EQ：用情商的力量構築一生的幸福

NT：230

心理勵志小百科好書推薦

全世界都在用的80個
關鍵思維NT：280

學會寬容
NT：280

用幽默化解沉默
NT：280

學會包容
NT：280

引爆潛能
NT：280

學會逆向思考
NT：280

全世界都在用的智慧
定律 NT：300

人生三思
NT：270

陌生開發心理戰
NT：270

人生三談
NT：270

全世界都在學的逆境
智商NT：280

引爆成功的資本
NT：280

國家圖書館出版品預行編目資料

情緒操控術：即使有一萬個苦悶理由，也要有一顆快樂的心／李問渠作. ——初版. —— 新北市：華志文化, 2015.06
面； 公分. ——（全方位心理叢書；08）
ISBN 978-986-5636-21-0（平裝）

1. 情緒管理 2.生活指導

176.52 104007085

華志文化事業有限公司
系列／全方位心理叢書 008
書名／情緒操控術：即使有一萬個苦悶理由，也要有一顆快樂的心

作者 李問渠
執行編輯 林雅婷
美術編輯 簡郁庭
封面設計 李昀陞
文字校對 陳麗鳳
企劃執行 康敏才
總編輯 黃志中
社長 楊凱翔
出版者 華志文化事業有限公司
電子信箱 huachihbook@yahoo.com.tw
地址 116台北市文山區興隆路四段九十六巷三弄六號四樓
電話 02-22341779
印製排版 辰皓國際出版製作有限公司

總經銷商 旭昇圖書有限公司
地址 235新北市中和區中山路二段三五二號二樓
電話 02-22451480
傳真 02-22451479
郵政劃撥 戶名：旭昇圖書有限公司（帳號：12935041）

出版日期 西元二〇一五年六月初版第一刷
售價 一八九元
本書採用 POD 數位印刷

華志文化

華志文化